# 见微知著,
# 趣说日本文化

王 静 ◎ 著

中国旅游出版社

# 一只虫的自白

## 引言

我是一只普通而平凡的虫,从虫卵里探出头来,看到了一个生机盎然的世界。平日,我喜以虫之触觉,感悟世间万物;以虫之双眼,见微知著,细观世事百态。片片树叶上残留着的水滴映着阳光,发出耀眼的光芒,好似荧光千点。阳光正强烈,风是凉爽的,从绿树成荫、繁花似锦的山林中吹来,带着一股回味悠长的淡香。

我常常会掰开一片干枯的花瓣,对其中的真相一探究竟:是如表面一样的丑皱,还是拥有着出乎意外的水嫩清新?是早已没有了生的痕迹,还是依旧有着盎然的生机?

黑夜,当我仰望天空,远望黑色夜幕下的繁星点点,我时常会感叹:我所见的"渺小"并非是它们的真实存在。很难想象这些小小的星体要远远大于我们眼见的皓月甚至是我们居住的地球。而当你了解到这一切,再次远观星空时,你会为宇宙的浩瀚与玄妙赞不绝口,那时你的评价不会再仅仅局限于某种外表!

拨开表层,一探究竟。我这只普通的虫的想法,恰恰与古人所言的"入乎其内,出乎其外"的境界不谋而合。"入乎其内,故有生气。出乎其外,故有高致。"无独有偶,日文中也有个叫作"等身大"的词,意为身临其境,用自己的双眼去观察,用自己的双手去触摸,用自己的心灵去感受,从而由表及里地去了解某个事物。

表,是我们对事物的直观感受。它显露于外,往往多变、丰富。而里,则是要我们慢慢去探求了解的事物。它潜藏于内,内敛、深刻。需要置身其中,深入挖掘才能了解。提及表，必有里。它们像是不可分开的物体，有其一必有另一。万物皆是如此，在谈论国家这个概念时自然也不例外。任何一个国家，其历史发展的每一个脚步，社会生活的每一处缝隙，都存在着"表"与"里"。无论是客观的，非人为意识左右着的人口、地理等自然因素，还是人为参与性极强的，诸如宗教、政治、经济、科技等人文因素，无一例外。

  几年前，笔者通过书籍文字，结识了一位倾心倾力致力于中日间理解，用自己朴实的文字记录"一个'等身大'的日本"的学者。他的名字就叫作毛丹青。我一直很喜欢他的文字，也曾有幸听过毛先生的讲演。其中，他讲述了这样一个故事。中国著名作家莫言到日本北海道旅行时，曾发生过这样一件事。莫言对日本电影《北方的狐狸》情有独钟，一路上都在谈论。不料刚刚下车，一只狐狸竟然朝着莫先生飞奔而来。莫先生对这一幕感到既惊讶又感动，他回国之后，给学生们讲课时说道：在中国，狐狸被认为是美女的化身，是一种神秘的动物。但日本人却认为狐狸特别可爱和美丽。莫先生说这件事情发生之后，他对于日本感觉越发地亲切，认为日本印象已经成为自己感官世界不可或缺的一部分。

  笔者愿意去做一只喜于拨开表层去探究真相的虫，虽然普通、渺小，但却勇敢、细腻，怀抱着这样一种见微知著的心态，调动五感去观察、体味与我们"一衣带水"的邻邦——日本的点滴趣闻，洞悉其背后决定其进程、命运的一系列综合要素，并细细斟酌，付诸笔端，由表及里式地娓娓讲述一个神秘而又普通的岛国——日本。

# 目录

## 第一篇 着装不仅是为面子

和服——日本人心灵的衣装 / 010
 "和"的服饰起自平安朝 / 011
 武家和服里的规矩 / 013
 现代和服起自"小袖" / 013
 和服的配饰 / 016
 古董也时尚——传自大正昭和的古董和服热 / 019
 灵活无碍的"浴衣"风 / 020
 吴服店里的"美人画"效应 / 023

洋服中的独特文化 / 025
 从和服到洋服的转变 / 025
 不可思议的制服现象 / 026
 和风吹向世界——走向世界的日本服装 / 029

日本人审美意识的体现——服装色彩偏好 / 032
 百姓身上的灰、褐、深蓝 / 033
 自然环境造就敏感细腻的感悟力 / 033
 禅宗带来崇尚简朴淡泊的审美观 / 034

## 第二篇 舌尖上的日本

和食的魅力 / 039
 调制出"妈妈的味道" / 039
 视觉盛宴的缔造者——食器与食之五色 / 040
 舌尖上的母爱——妈妈的便当 / 042

没有"海鱼"怎么行？！ / 045

素食风潮下，"山鲸""红叶"要偷着爱 / 052

| | |
|---|---|
| "田"字与日本人餐桌上的绝对霸主 | / 058 |
| 　　米，餐桌上绝对的霸主 | / 058 |
| 　　"田"字与日本稻作文化情结 | / 063 |
| "冷飕飕"的寿司，"热乎乎"的文化 | / 072 |
| 　　"心系一处"的寿司之神 | / 081 |
| "和果子"里的风情——追求无尽的视觉之美 | / 084 |

## 第三篇 房屋的故事

| | |
|---|---|
| 世界古村落建筑的活化石——合掌造 | / 094 |
| 从竖穴到寝殿的三级跳 | / 118 |
| 　　原始阶段的竖穴与高床 | / 118 |
| 　　律令制时代，木造建筑的"三级跳" | / 120 |
| 　　都城的营建与住居的变化 | / 122 |
| 武家统治时期的城堡与书院 | / 126 |
| 　　武家住宅 | / 126 |
| 　　日本历史上的高层建筑——城堡 | / 129 |
| 　　江户时代的城市生活与乡村生活 | / 130 |
| 建筑的西化及防火防震 | / 133 |
| 日本人的住宅是"别墅"还是"兔子屋"？ | / 135 |
| 　　日本人大多住在别墅里吗？ | / 135 |
| 　　日本人的住宅是"兔子屋"吗？ | / 137 |
| 外来的和尚会念经：屋顶上"钟馗像"与"鬼瓦"的对决 | / 140 |
| 说说澡堂子里的门道 | / 145 |

## 第四篇 行走中的乐趣

**爱旅游的江户人——由来已久的出游情结** / 160

  江户人的旅途攻略 / 162

  "11路"——江户"驴友"最好的交通工具 / 163

  驿站——行路途中的喘息地 / 165

**烟的旅程与极速崇拜** / 167

**抹不去的电车情结** / 170

  文艺作品里的"电车"们 / 171

  一个"馬"一个"尺",念啥? / 173

  坐着特色电车去旅行吧! / 193

  电车里的规矩 / 197

# 第一篇

## 着装不仅是为面子

# 和服
## ——日本人心灵的衣装

吴服屋

"和服（wafuku）""着物（kimono）""吴服（gofuku）"一并指的都是"和服"。但细究其意，却略有不同。从产生时间论之，"着物"应是最早，泛指所有穿着的衣物。而如今其意缩小了许多，国际上都将"和服"统一说成"着物（Kimono）"。"吴服"这一说法最具文化味，源自中国三国时代由吴国传入日本的纺织法织成的丝织品。江户时代卖布匹或定做衣服的店铺都唤作"吴服屋"。三个词中，当属"和服"一词历史最浅，是明治维新后随着洋服的渐入而生。

说到日本和服文化，必须提到日本文化之都京都。因为那里是能冠以"和"的服饰的诞生地。它作为国风文化的代表影响着后世日本人的衣着文化。但随着明治维新的西化之风，再加之和服穿着的种种不便，使洋服引领了人们的穿衣时尚，成为当今日本人的日常着装。但即便在今日，冠、婚、葬、祭等人生重要仪式及茶道、弓道、剑道等场合，和服依旧是最和谐、最妥帖的装束。有人说和服最能衬托出日本女人温婉典雅的气质。的确，不管平时多么风风火火的人，一旦穿上和服马上就端庄起来，亭亭玉立、楚楚生姿。此外，流行自江户时代的浴衣，也因其灵活无碍及无视常规的特性而成为当下营造清丽时尚风的重要元素。可以说是日本悠久的历史、风土气候以及人们生活中的智慧造就了如今的和服。

## "和"的服饰起自平安朝

在日本著名影星藤原纪香的婚礼上，她选择了最具贵族气质的平安朝礼服——十二单❶。她向媒体解释说，选择十二单完全是因为自己的贵族姓氏。藤原，这是平安末期最出名的四大姓氏❷之一。虽然藤原纪香的贵族身

弓道

书道

剑道

庆典

---

❶ 所谓"十二单"的"单"，就是贴身衬衣的意思。重叠八张"褂"的话就是"八单"，要是十二张就是"十二单"。实际在单上面"五衣""打衣""表着""唐衣"一件一件地穿上，到最后也仅是八层，把裳（类似裙裤、裙子）算入数之内也只是九层，不是十二层。另外，十二单是俗名，正式名称为五衣唐衣裳装束或女房装束，这一名称首见于《源平盛衰记》中描述建礼门院着十二单衣投海一段，而后才有十二单衣之称呼。
❷ 平安末期最出名的四大姓氏分别是藤原氏、源氏、平氏、橘氏。

份还有待查证,但如假包换的皇族们,都必须以这套装扮参加重要仪式。如 1990 年平成天皇的次子夫妇结婚、1993 年皇太子夫妇成婚等。平安时代,只有命妇以上的高位女官才可穿着。

从成衣风格而言,十二单依稀显露着唐服的身影。的确,平安末年之前的日本,一直都以中华文明作为仿效模板,衣着自不用多言。古坟、飞鸟时代,东吴风格的服装传入日本,纺织缝制技术也随之而来。奈良时代,服装的设计、样式更是受到唐服的深刻影响。10 世纪初一本敕撰的《古今和歌集》的问世,扭转了朝野上下事事都要仿照中国的意识,于是在文化方面,开始日渐摆脱中国文化的影响,兴起了国风文化。而此时的十二单恰恰成为日本服饰界的独立宣言。虽还保留着部分唐服的延伸影响,但已具备自己的系统,特别是将前后裾长度调整后,便有浓浓的和风,成为朝廷及幕府的礼仪服制。由此日本服饰逐渐形成自己的风格,尤其是这一时期花纹及染色技术大幅发展,使当时的服装花款丰富,更具独特的奢华与精致之美。

与女子朝服相对,身处"公"的世界的皇族贵胄们的服饰则更有讲头。根据《养老律令·衣服令》,天皇即位、元正朝贺服衮衣十二章。上朝以及大小诸会,服黄栌染衣。日本

孝明天皇衮衣十二章

皇太子服黄丹衣，亲王紫衣。诸臣一位至八位依据唐宋公服制度，分别衣紫、绯、绿、缥（淡青色）。幕府时代，公方以束带为礼服，四位以上穿黑袍，五位以下穿绛袍。不过，这些礼服到了明治天皇时，由于其崇尚胡服骑射，大力引进西方服饰，只保留了束带、狩衣、十二单等平服，且多用于神道仪式。

皇族的朝服自然是高端大气，那么当时生活中的贵族又穿着什么呢？答案是狩衣❶和小袿❷。狩衣最初是打猎时的运动装，平安时代日渐成为公家男子的便衣。小袿是贵族女性的家居服。

直 垂

## 武家和服里的规矩

室町至江户时代是武家和服的定制期。虽然仍能依稀看出公家和服的影子，但从样式风格以及礼法规制上，都与公家和服有了很大不同。镰仓、室町时代，庶民服装直垂逐渐演变成武士礼服。"肩衣袴"是江户时代高级武家的礼装。"打褂"则是武家女性的礼装，婚服为"白无垢"。

1871年颁布《散发脱刀及制服着用令》，规定大臣、参议、诸省长、次官除了朝仪以外，以"羽织袴"为便服。1877年太政官宣布羽织袴为官吏通常礼服。而武家女性的大礼服"打褂"成为新娘衣裳。

红 色 打 褂

## 现代和服起自"小袖"

关注了公家、武家的朝服便装后，我们来谈谈庶民百姓的生活装。平安时代，平民穿的是广袖或小袖。其中的小袖就是现代和服的原型。据说当时贵族借鉴了庶民百姓的小袖

---

❶ 狩衣（かりぎぬ）是日本平安时代公家的便衣，也是武家的礼服。狩衣本来是在打猎时所穿的运动服装，袖子跟衣服的本体并没有完全的缝合，就是为了方便运动。而且，狩衣的着装方式，也较其他的服装要简单。到了镰仓时代，狩衣为祭典中神职人员穿着的服装。

❷ 袿是构成贵族礼服的一种衣服，有穿一件的也有重叠穿几层的。穿一件的有小袿、表着、打衣3种，其中小袿是贵族女性的家居服。

萨摩藩藩主女眷 小袖装束

样式做成内衣。而此前的贵族则是把"单"作为内衣。平安中期，随着国风文化的兴盛，服饰发生改变，"单"变得宽大，已不再适合作内衣。

自镰仓时代起，作为统治阶级的武士开始以行动方便为目的，不断将服装简易化。至室町时代袖口小、活动方便的小袖变成了外衣。安土桃山时代染织技术有了飞跃性的发展，这使小袖演变成豪华服饰，其花纹的设计、分布也开始独具匠心。出现了肩裾纹样❶和片身替❷等基本花纹样式。和服的形态已基本定型。

幕府禁止平民穿武士式服纹付羽织袴。明治维新后才得以解禁。也由此江户时代的平民服装更为简化，小袖亦在民间更加流行。此时的小袖样式已与现代和服基本无二，可算是小袖完全成型的时期。

明治维新后，日本受到西方文化的强烈冲击，政府为推行西化发布政令，要求官员和军人在正式场合穿洋服；而对于一般民众则规定穿着和服时，必须穿带有家纹的礼服，从那之后，正装和服无论男式女式都有了家纹。

---

❶ 肩裾纹样是在肩部和下摆分布图案，而中间无花纹，凸显点睛之效。肩裾纹样作为这个时期的豪华纹样，经常用在小袖及能乐服装上。

❷ 片身替是衣服的半身或一只袖子的花样纹路异于其他部位。

我穿的是振袖和服,一看便知我是个待嫁女。振袖是未婚女性最正式的礼服。分大振袖、中振袖、小振袖三档。其中穿得最多的是中振袖,主要在成人仪式、亲友婚礼等场合穿。

我今天要去参加孩子的婚礼。所以特意穿了件黑留袖,这是已婚女性的最高礼服,印有5个家纹。黑留袖为黑色,袖口比振袖短,图案分布在腰部以下的裙摆处,腰带则多镶有金、银线。

我今天要参加侄女的婚礼,所以选了套色留袖。是不是与黑留袖基本一样?不同的是它是彩色的。5纹色留袖规格与黑留袖相当,但是比黑留袖喜气多了。

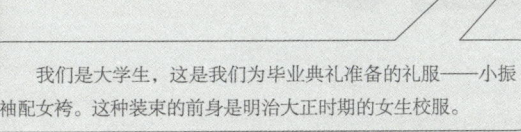

访问服是我的最爱,它正式但又不那么隆重,老少皆宜,穿着场合很广。可能你会说,它与色留袖不是一样吗?哦,非也非也!色留袖上半身是没有图案的。而访问服则是衣服整体分布图案。

我们是大学生,这是我们为毕业典礼准备的礼服——小振袖配女袴。这种装束的前身是明治大正时期的女生校服。

现代和服中常见的几种款式

## 和服的配饰

### 1. 一"服"三"带"

和服界常讲这样一句话:「着物一枚に帯三本」(中译:一件和服要有三条腰带配)。意思是说和服腰带拥有非凡的能力,腰带❶变了,和服的味道也会随之改变。

江户时代,诞生出了许多富有时尚性的腰带,其中就包括最负盛名的西阵"织带",通过纵横交织的织法呈现出图案的立体效果。此外,当时还出现了"染带""刺绣带"技法。作为和服点睛之笔的腰带,其系法尤为重要。好的和服师傅能根据穿和服人的身份、心境,将这30厘米宽、4米长的腰带打出800多种"和服结"。如凸显舞伎妖娆美的"垂结"、武家女性最基本的"文库结"、因元禄时期歌舞伎"女形"上村吉弥的名人效应而流行起来的"吉弥结"……江户后期则又出现了使用带扬和带缔的"太鼓结",这在明治时得以普及。虽然这层出不穷的"和服结"样式不尽相同,但却有一个共性,用和服师傅的话来说:每个和服结里都藏着一颗女人心。

西 阵 织

---

❶ 带,即和服腰带。对于和服很重要的部分,有带缔、带扬、带留等附件。带缔是绑在腰带中央的绳子,起固定作用,带扬是腰带上稍微露出来的布料,带留是腰绳上的别针。

太鼓结

## 2. 高规格的"绘羽模样"

高规格的和服都采用"绘羽模样"来构思分布图案。所谓"绘羽模样"是在印染前先设计好图案的分布，和服缝制完成后，其前襟、腋下、后背等缝线处的图案相互衔接，使整幅和服的花纹形成完整的图画。现代和服中的振袖、留袖、访问服等正装和服都采用的是这种方式。和服纹样通常取自自然，反映四季变迁，体现着日本民族对山水风土的眷恋以及对自然界的细腻感受。如此一来，和服不再仅是遮体的衣物，更是极具欣赏性的艺术品。

绘羽模样 友禅染

### 3. 极富日本腔调的和服配饰

这些美不胜收的和服与之相配的鞋又是什么呢？那就是草履。传统的草履是用稻草、灯芯草、竹皮等编织而成的，而现在最普遍的是皮制草履。草履以其材质和鞋跟高度决定其氛围和格调。鞋跟高规格就高。像振袖、留袖等正装和服所配的草履都是高跟的。而休闲些的和服就穿低跟的草履。

草 履

除了鞋子，梳个妥帖应景的发式，插上别致精美的发簪❶，再配上一把团扇，那才是最有日本腔调的打扮。

发　簪　　　　　小呗胜太郎的岛田髻　　　　大垂发

---

❶ 发簪（下簪）日本女子穿着和服时为头发梳成发髻时所用的装饰品。簪上的装饰品通常有丝质的假花、木质部件或宝石等。

## 古董也时尚——传自大正昭和的古董和服热

流行的古董和服——昭和时代振袖

"这是我妈妈的妈妈的妈妈留下来的和服哦!"

倘若有一天,一位日本女孩对你这样讲,你不要怀疑,也不要感到惊异。她说的都是真的。如今在日本,古董和服蔚然成风。所谓古董和服就是在大正或昭和初期制作的和服。在古董和服的世界,不仅有祖辈的传承,还清楚保留着那个时代人们对和服的革命。

古董和服不同以往,明治文明西化的种子从大正、昭和开始开花结果,开始摸索着如何满足憧憬西洋裙装的女性,来改造传统和服。所以,那时的和服里,融入了许多欧洲设计理念,最典型的便是艺术装饰风(法语:Art Déco)。与传统和服取自自然的纹样不同,此时在和服图案设计中,加入了格子、线条等装饰元素,但又没有摒弃崇尚自然的传统。此外,大正时代,由于化学染料技术已日渐成熟,所以直接导致更为丰富绚丽的和服的花纹成为时尚主流。如今的和服师傅评价说："许多人都认为色彩元素越少越摩登，其实有限度地多色彩元素才会彰显和服的生趣。"

铭仙，这个生于大正昭和年间，被誉为"引领流行艺术"的新式和服，它以低廉的价格、丰富的纹样，博得了无数女性的芳心，不仅使那时的女性大放光彩，还满足了平民百姓穿着丝绸织物的夙愿。特别是对于当时的女学生、职业妇女而言，比起职业制服，铭仙更受推崇。而论及铭仙的生存之道，其实很简单，那就是以有残损的蚕茧为原料织布，再采用大批量"型纸印染"的方法弥补丝绸上的残色。总而言之，铭仙的出现结束了平民百姓无缘丝绸衣物的时代。

## 灵活无碍的"浴衣"风

穿浴衣纳凉的男子（歌川国芳作品　江户时代后期）

图中的江户男子穿的正是夏季纳凉必需品——浴衣，棉布制作、极简的和服。与正式的和服差异甚大，去掉内衫，贴身穿着，轻便如T恤，因而人气颇高。它起源于平安时代，是入浴时穿着的浴单衣（日语：湯帷子）。究其功能，最初与具有吸汗功能的西洋浴袍相似。江户时代随着澡堂的普及，沐浴后穿着浴衣的人越来越多。此外，歌舞伎人气演员对浴衣情有独钟，再经由浮世绘版画风行宣传，成为其流行的源头。

歌川国芳画中满目的蓝色，正是江户时代浴衣的主色调。蓝色是日本自古至今的传统

竹久梦二作品

色，也就是所谓的"日本蓝"，与日本人偏黄的肤色相衬，无须修饰，即显清丽。当时为避免奢靡浪费，幕府禁止平民使用丝绸或色彩艳丽的衣物，而蓝染在当时迅速普及。廉价的棉布用蓝色单色染制，被百姓视若珍宝。在严酷的条件下，最大限度地追求美观。在这样的想法下，便有了正反染制相同花纹的构思。穿着时隐约可见的内里与袖口，都与正面花纹一致。而且对比分明，交相呼应，被江户人视为潮流。日久天长，这种正反两面均染精美图案的浴衣，在江户以外也广为流行。

大正时代有位画家引导出了浴衣的新魅力，他名叫竹久梦二。他画中的浴衣将女性装点得摩登靓丽。当时盛行洋服，而他将日本传统服装的优点重新认识。竹久梦二专注于浴衣，亲自参与设计，将其魅力传播于众。

如今，除了在花火大会、温泉旅馆中我们会看到浴衣的身影外，还成了制造时尚的重要元素。一支少女摇滚乐队，她们就习惯身穿改制后的浴衣演唱。配彩色打底裤与靴子。显然，浴衣虽也讲规矩，但有放松的余地。随穿着而改变是其趣味之一。无视常规，随心所欲，正

《东海道五十三次》歌川广重　江户时代浴衣的时尚穿法

木屐

是浴衣特有的魅力。其实，用浴衣营造清新的时尚感并非是现在才有的事。江户时代的浮世绘中就描绘了浴衣的时尚穿法：将浴衣披在和服外，像大衣或雨衣一样用来防污挡雨。

和服根据年龄不同，颜色、款式都有规定。浴衣则自由奔放，但随喜好，就算是上了年纪的女性也能随意穿着，自由搭配。如今浴衣的世界正日渐宽广，颜色、花样都能按喜好和个性选择。

浴衣最适合的搭配一定是木屐。在传统节庆活动和花火大会时配上浴衣走在路上，或是在温泉街道上散步时，清脆悦耳的响声很是应景，独有日本风情。木屐在1964年东京奥运会之后曾一度受到冷落,后来随着浴衣的流行又逐渐恢复人气。木屐的魅力正是在于草履所没有的洒脱、轻快的风格。这就像灵活无碍的浴衣一样,它们相得益彰,别有腔调。如今木屐款式多样、色彩富于变化,能满足各个年龄层的品位和需求。

### 吴服店里的"美人画"效应

20世纪初期,在东京最繁华的一条街区上,一家名叫"三越吴服店"的高级和服店,推出了一张名为《此美人》的招贴画。在现代人眼中,这张略带复古气息的美人画,在当时的日本曾引起不小的波澜,甚至开启了日本商业设计招贴广告的历史。

明治维新后,日本走上了资本主义道路。从明治初期到日俄战争前夕(1903),由于政府大力兴建官营工厂和鼓励民办企业,大量的新式日用品如雨后春笋般在市场上冒出头来。挂钟、座钟、印刷机、玻璃器具、水泥、肥皂、火柴、洋纸、啤酒、香烟、硫酸、帽子、西式雨具、棉布、西服、针织品衬衫、袜子、刷子、鞋、文具、纽扣、灯具等,不胜枚举的"新式玩意儿"都可谓是这一时期的杰作。应该说,这些琳琅满目的工业化产品为近代广告设计带来了无限的生机。而与此同时,伴随城市化的加速和"民主主义"思想的渗透,

三越吴服店制作的名为《此美人》的招贴画

"大众"这一名称在民众生活中开始萌芽,并成为消费的主要群体,大众消费的世俗文化时代到来了。最能体现大众文化的就是汇集在百货商店的女性消费文化的繁荣。时代造就了大众文化的产生,也让广告设计家成为此时的新宠儿。当时,一部分锐意革新的画家们一面参考西洋画手法,一面吸收不同于西洋的其他东洋古典美术的许多精华和营养,以新时代日本人的立场进行思考和归纳,强调西洋式的写实法和色光运用,减轻或抛弃线的力度及笔触的抒发,以烘晕、突出气氛,创造了日本式的理想主义新兴日本画。其中,镝木清方、伊东深水、竹久梦二等画家,不仅将浮世绘传统美人画之韵味揉进其作品中,又采用了西洋的体积和透视画法,以各自独特的笔调描绘了许多具有个性的日本女性,反映着时代的潮流。此时,日本美人画几乎独立成科。

恰恰就在这样的背景下,几家著名的百货商店,如三越百货商店和大丸百货商店,成了第一个"吃螃蟹"的人。他们最先推出木版彩印的风俗美人画作为宣传企业形象的媒介。这张名为《此美人》的招贴画无疑就是这个背景下的产物。它是由桥口五叶采用套色石版印刷制成的,在1907年这张新式的风俗美人画还参加了日本文部省美术展览举办的东京劝业博览会,随后又在1911年举办的招贴广告大展中荣获一等奖。看到美人广告画带来的更大商机,三越吴服店又在1914年,请来了画家杉浦非水再次为此店创作了《三越吴服店》招贴广告。从形象上看,前后两幅广告画都还明显保留着浮世绘艺术的特征。但也不难看出,这仅仅相隔三年时间的两幅商业广告招贴,尽管二者均是对日本美人的描绘,却在绘画风格上有着明显的区别。前者更具有写实画风格的倾向,在传统浮世绘的基础上更多地体现出了日本画的特征,而后者接近欧洲"新艺术"风格的元素甚多。前者是日本式的"写实"手法,他与西方的写实大相径庭。日本式的所谓"写实",不是表现在整体的空间结构上,而是体现在细节和小处的描写上。这种日本民族的"小唯美"的美学特色,为日后在美术与设计等领域中体现强烈的日本民族性特征奠定了良好的基础。在1914年前,日本近代招贴广告业在没有完全脱离美术领域时,从事美术研究的画家们同样参与商业广告的制作,不难看出美术界的探索对商业广告的艺术形式起着决定性的影响。

看到了三越吴服店的广告效应,于是医药、化妆品、酒精、清凉饮料、食品、烟草等企业制造商也开始纷纷采用同样的方式宣传自己的产品。从此,面带微笑、身着和服的美人形象走进了近代商业招贴广告的舞台并一直被延续到大正、昭和时期,也就是20世纪20年代。"风俗美人画"成为这一时期招贴广告的主流。同时,这一商业广告的艺术风格也波及影响到了上海流行的"月份牌"商业广告,尤其是在20世纪30年代上海出现的新样式广告招贴中,比如以单人瞬间定格的美女形象构图和逐渐减少的日历和花边等。

# 洋服中的独特文化

## 从和服到洋服的转变

作为"和服"的对义词,"洋服"是指日常所穿的日本传统服饰以外的服装。它是随着明治维新文明开化之风,而日渐风靡日本的。在日本大量生产洋服的最早记载是由军队留下的。1864年德川幕府让士兵改穿西式军服,并向商人定制了2000套军服。只是当时的军服乱七八糟,上衣是英国海军,长裤是美国海军,皮鞋则是法国式。幕府时期一些头面人物偶尔也穿过洋服。

明治以后贵族和经常接触洋人的日本人追逐时尚,开始将西装穿着上身。而当时的政府要员着西装则是为了向洋人表示愿意学习西方先进技术的态度。但普通百姓却还对洋服采取望而却步的态度。

1871年天皇发布诏令,警察、铁路工作人员、教师等职业逐渐以西式服装作为职业装,军队则规定必须身着西式军服。男生的诘襟校服❶也在不久之后出现。不过,对于穿惯了和服的日本人而言,洋服再时尚气派也比不过和服来得自然舒适。家居生活中和服依旧是不变的主流。特别是女性服装的西化速度更为缓慢,直至大正时代都还以和服为主。但西式打扮,如胸针、丝带、洋伞等大为流行,那时的和服设计也悄然融入了西方文化的理念,形成了日西合璧的穿着打扮。

---

❶ 深色立领校服。1879年由学习院(旧宫内省设置的官立学校)首先推出,是日本最早的校服。目前主要是初中男生的校服。

1923 年关东大地震中，许多女性因和服行动不便而遇难。以此为契机，女性服装才加快了其西化步伐。不过，在日常生活中，最常见的依旧是和服的身影。

"二战"中由于日本政府倡导国民服和女性标准服，穿和服的机会骤然减少。战后大量生产的洋服因其轻便实用，逐渐取代了昂贵而又穿着麻烦的和服。如今，洋服已然成了日本人衣橱里的主角。但讲究场合礼仪的日本人，也并未因洋服种种的"好"而抛弃传统的和服。在日本，和服与洋服各司其职，和谐共存着。

## 不可思议的制服现象

日本有着"制服王国"的称号。可以说日本社会到处充斥着制服。公司职员清一色的西装领带；业务上没有任何必要却要穿着制服的办公室女文员；穿着校服尽情展现花样年华的高中女生；身着空姐风格的制服兜售手机的手机店美眉；一身女仆装扮欢迎"主人"光临的女仆咖啡店店员；从公司到店铺都有各自精心设计的制服。如此泛滥的制服现象俨然成为日本服饰界的独有文化。细细追溯，制服现象在日本由来已久。

### 追溯日本"制服"的发展脚步

**6—7世纪**　商号、级别或行业制服拉开日本制服史序幕。广义说来，古代中国或古代日本朝廷官员依不同官阶所穿的礼服正是一种制服，天子祭宗庙时着用的衮冕也是一种制服。而宗教神职人员更是以服装来证明自己的身份。

**江户时代**　江户时代，大商铺员工都穿染有"屋号"或"商号"名称的外衣，各类职业的职人也都有固定的服装。甚至是幕府的下级武士公务员，他们穿的看似都是和服，其实也依所属部署及身份高低而有别，甚至可以看对方系在头顶的小发髻形式，而一眼分辨出对方是刑事警察还是保安警察。

**腾飞时代**　经济腾飞后 CIS（企业形象识别系统）的广泛引入，促使制服真正成为企业亮点。而使职业装的普及程度达到最盛的，则是在日本举行的两次世界性重大活动——1964 年的东京奥运会和 1970 年的大阪世博会以后。日本制服以此为契机，开始普及渗透到各个行业，并且成为日本的一种时尚。

该图文字引自《知日·制服》。

在浩瀚的制服文化中，"疑似制服"恐怕是最令外国人不解的一道风景。所谓疑似制服，就是日本人在某些场合自动自觉地统一着装的现象。求职西服就是其中最典型的代表。

这一画面是日本电视剧《相棒》中的场景。一群求职的大学生身着同样的黑西服、白衬衫。这是大学生求职必备的行头，无人例外。画面中的景象在日本大学生求职季很常见。

清一色的求职西服

日本网店售卖的服装

　　该剧主人公右京是一个警探，他在上班路上偶然看到了这样的情景，很是诧异，于是就跟他的搭档甲斐谈论此事。他们的谈话很有意思，体现了日本人对求职西服的不同看法。

　　右京说："从没有人规定一定穿西服吧？可是他们却穿得都一样。既然是求职，就该展示自己与众不同的地方才对。为什么大家都一个打扮？"

甲斐见怪不怪地答:"求职时都得这么穿,就算没规定,这已经是默认的规则。如果偏要独出心裁、标新立异,那就有可能会被减分。求职西服是最保险的。"

求职西服的现象体现了大学生找工作时战战兢兢、患得患失的心理,也表现出日本人典型的从众心理。没有规定必须穿制服的场合,人们却不约而同地都穿着同样的服装。不是制服更胜似制服,这就是疑似制服。

再举一例,这是日本雅虎网上商城出售的服装信息,是孩子报考名牌小学、幼儿园或在之后的面试中,妈妈们穿的标准服装,半袖连衣裙加小外套。图中介绍说,该高品质的正装,会让孩子妈妈显得仪态端庄、气质高雅,适合在考试日、面试、学校说明会等场合穿着。这种针对考童妈妈的正装,不仅在网店,即便是商场、专卖店也都有售,而且样式大同小异。

孩子面试时,妈妈们也都是统一打扮:藏青色的连衣裙套服、黑色或藏青色船鞋、同色系的手袋,甚至发型、妆容也都很相似。孩子们的衣服反而比妈妈们的多样。可以说,这是一种媲美求职西服的"疑似制服"。

妈妈们钟情于它的主因无外乎还是从众心理在作怪。知性、聪慧、稳重、简洁的风格不会抢走孩子的风头,这些都是这种面试服的"优良特质"。

女士黑礼服,也算是"疑似制服"家族中的一员。葬礼、婚礼、聚会等隆重场合,它都能派上用场。

求职西服、妈妈的面试服、女士黑礼服中不约而同地隐藏着日本人的一个共性心理,简言之就是从众求稳。日本有句谚语:出头的钉子先挨敲。彰显个性被认为是很危险的事情,很可能会遭到集体的蔑视与攻击。日本人在襁褓里就开始学习如何适应他人,如何顺从社会的秩序。日本人最害怕的就是与他人不一样,总是千方百计证明自己与大家是"同调"的。近年来这种"同调"造成的压力在日本人中有日趋严重的趋势。只有融入某一日本式的小集团或潮流中,日本人才会心安理得,才能找到自我的位置与价值。也正是基于这样的心理,"疑似制服"应运而生。

此外,疑似制服的出现还无形中掩盖了人们之间经济水平的差异,以确保彼此的等距离往来。日本人与人之间有一个大家都尽量保持的几乎相等的距离,并且还时刻度量和确认这个距离。人与人之间等距离相处,是在日本集团中生存的基本手段,是维系集团共同意识的纽带。

疑似制服的现象还体现了日本人注重场合着装的意识。他们会适时地根据公务场合、社交场合、休闲场合更换相应的着装,以转换不同的身份,表达对所在场合其他人的极大尊重。

## 和风吹向世界——走向世界的日本服装

随着全球一体化的脚步，东方文化日渐被西方文明侵蚀。然而"和风"的悄然回流，唤起了世人发扬素朴的传统，以及寻找回归流行与时尚原点的决心。日本的设计师认为时装是"文化的工具"，他们擅长挖掘日本及东方传统中的精华。在结构及形式上，他们吸取并熟练掌握和服等东方服饰中的扭结、缠绕、悬垂手法；对微妙色彩系统中的咖色、白色和灰色运用自如，缔造了新的东方时尚。

世界时尚女装发源地是巴黎、米兰以及后起之秀伦敦。男装发源地则是东京和纽约。这世界五大时装周城市引领着世界时装发展的潮流。东京以一个不断吸收、发布新信息的时装中心的姿态在飞速发展。❶

### 1. 活跃在世界舞台上的日本设计师

20世纪80年代勇闯巴黎的一批日本设计大师：三宅一生、山本耀司、高田贤三和川久保玲，如今依旧是时装周的中坚力量。他们创建的品牌三宅一生、Kenzo、BAPE、EVISU等历经岁月洗礼，其艺术精神传承不变。

作为日本服装设计之父的三宅一生是第一个打入世界时尚界的日本设计师。早在1971年，他的第一次时装发布会同时在纽约和东京举行，并大获成功。在1973年巴黎时装周上更是大放异彩。此后三宅一生一直作为时装开拓品牌，在服装设计道路上大胆实践和创新，重新定义了人体与服装的本质关系，开辟了一条新的服装设计之路。三宅一生先生独特的"A-POC（一块布）"制衣理念也赢得了时尚界的广泛关注。内敛简洁的时尚哲学正是秉承了日本的审美理念。

用一种最简单、无须细节的独特素材把服装的美丽展现出来，这便是三宅一生的时尚哲学。其品牌时装一直以无结构模式进行设计，摆脱了西方传统的造型模式，而以深向的反思维进行创意。掰开、揉碎，再组合，形成惊人奇特的构造，同时又具有宽泛、雍容的内涵。这是一种基于东方制衣技术的创新模式，反映了日本式的关于自然与人类和谐交融的哲学。其品牌的作品看似无形，却疏而不散。正是这种日本文化所抒发的余韵，赋予作品以神奇的想象。

Kenzo是由日本知名设计师高田贤三一手创办的品牌，如今虽已归由世界知名奢侈品集团LVMH公司管理，但其身上仍具有与众不同的日本风情。色彩魔术师高田贤三擅长运

---

❶ 中国纺织网。

用各种亮丽的色彩，对花朵的诠释非常到位，有些妖娆却颇有含蓄的东瀛风格。

内敛、简洁、含蓄、余韵这些代表了日本的审美理念就是通过这些设计师，通过发布会展示影响着世界时尚界。

**2. 优衣库旋风**

"他们真的很会选！"我们盘点优衣库代言人后不禁感叹。眼光实在是太好了！费德勒、德约科维奇、奥兰多·布鲁姆、查理兹·塞隆、亚瑟小子、新垣结衣、佐佐木希、水原希子、孙俪、高圆圆、周渝民、陈意涵、陈柏霖、桂纶镁、林依晨、全智贤、玄彬……细数下来尽是影视明星、体育巨星。而且最妙不可言的是，虽然是不同的国家和地区，但是基本上大部分代言人的形象和广告风格都出奇的统一，清新、自然、舒适、本真且不做作。

网球巨星德约科维奇曾代言优衣库品牌。2013年8月19日，美国纽约，德约科维奇出席代言品牌活动，比赛场上突然出现了耐克、阿迪达斯之外的运动服新面孔。继德约科维奇的合约期满后，优衣库迎来了又一位网球巨星费德勒。这是费德勒告别耐克品牌代言后，首度与优衣库联手。官网给出的头衔是"UNIQLO GLOBAL BRAND AMBASSADOR（优衣库全球品牌大使）"，据说代言费给出了天价。

作为日本著名休闲品牌的优衣库，是排名居全球服饰零售业前列的日本迅销（FAST RETAILING）集团旗下的实力核心品牌。本部设在东京，是日本最大的休闲服生产零售商。目前在海外拥有直营连锁店700余间，拥有2000多家店铺。优衣库也被品牌顾问公司Interbrand评选为日本十大最有价值的品牌之一。

优衣库的服装已在世界范围成为一种时尚。它坚持将现代、简约自然、高品质且易于搭配的商品提供给全世界的消费者。其所倡导的"百搭"理念，也为世人所熟知。百搭靠的是"基本款"，像T恤、衬衫、牛仔裤这些基本款式，通常不会是成衣业者眼中最有商机的产品，却是每个人衣柜里的必备衣着。优衣库把这些基本款变成了盈利的金矿，而且在称雄日本市场后，展开了征服全世界的霸业。

除营销手段外，优衣库的成功来源于时尚、低价和高品质。它成为日本纺织服装零售业良性发展的风向标。

**3. 新材料开发带动优质低价好服装**

日本国内经济低迷，服装企业为吸引消费者，专注于高品质的纺织材料开发及时装创意，不断推出价格低廉的高性能服装。试图在素材方面实现差异化，提高竞争力。

伊藤忠商事发售用秘鲁产的高级棉制作的衬衫，SOGO西武百货发售采用匈牙利产的羽绒制作的大衣。东丽（TORAY）公司多次与优衣库合作开发新型尼龙材料。这些材料被主要用于制作高档内衣、女性成衣服装。由于采用了独特的加工技术，所以吸汗速干性或保温性都提高了25%。东丽希望继续开发，实现优异的色泽及穿着舒适度，来建立材料的高品质感。日本这种全新服装产业面貌令世界瞩目。

**4. 个性化时代成就生意红火的二手服装店**

日本是领导服装新潮流的国家之一，同时也是旧服装的大市场。日本共有2000多家二手服装店。据统计，二手服装在日本的年销售额已经超过2亿美元。

年轻人喜爱名牌旧服装。在东京客流量较大的车站附近，聚集了好几家二手服装店，且家家生意红火。人们买旧服装，不单是为了便宜。对年轻人来说，"与众不同"是一种时尚，而二手服装店里可以买到各种与众不同的服饰。光顾这里已成为日本大学生和年轻职员休闲生活的重要组成部分。

东京几个人气旧服装市场都是年轻人的聚集地。在那里的二手服装店不仅卖衣服，同时也卖一些衣物装饰品。名牌旧服装及包袋、配饰最受年轻人青睐。有的名牌旧衣看上去和新的并无两样，但价格只有新服装的10%～30%。

日本很注重资源再生利用，服装自然也不例外。20世纪初，日本就出现了旧服装店，进口并出口旧服装，而且多从美国进口。美国牛仔裤最为畅销，便宜的只需数百日元，贵的在1万～10万日元。当然对于进口的旧服装，商家会进行严格的清洗、消毒，严把卫生关。

为身穿二手服装而自豪，一是现代日本年轻人彰显个性的另类方式，二是日本服装文化在现代趋向多元发展的标志。

# 日本人审美意识的体现
## ——服装色彩偏好

来自自然界的色彩与花色图案

  日本服装从和服过渡到洋服，再到如今变得多样化、时尚化，走在引领亚洲时尚潮流的前端。无论是鲜艳华丽的和服，还是沉稳庄重的制服和朴素淡雅的生活装，都表现出共同的审美趋向：除精致的剪裁设计外，其色彩选择与搭配总是流露出对大自然的热爱。樱花的粉、树木的棕、植物的绿、谷物的金、天空与大海的蓝等交融在和服、礼服及时装中，五彩缤纷又和谐统一。

  日本服装的另一个明显特点是用色和质感偏朴素、淡泊、简约、含蓄。例如，在通勤高峰期的大街上看到的上班族着装绝大多数是深蓝、灰色、咖色，配以月白、浅蓝的衬衫。当然黑与白作为永恒的国际流行色也是礼服中的绝对主角。

对于大自然的喜爱是人类审美意识共同的出发点，那么日本人对于深蓝、鼠灰等朴素得有些沉闷的色彩取向背后又有着哪些历史原因呢？是什么样的审美意识让日本国民在挣脱了"忌色"之后依然执着于唯美平淡的素色呢？

## 百姓身上的灰、褐、深蓝

在日本有关颜色的史料记述最早出现在七八世纪，当时仅有黑、白、红、蓝这四种。而后由于印染材料多取自花草，许多颜色名称也就多冠以花草之名。

从历史上看，平民百姓受社会阶层、身份地位的限制，衣着的色彩只能在深蓝、灰色和褐色之间选择。历史上橙、红、蓝、紫、深红都是皇室的特权，黄与绿则是官位高的人的专属。到了江户时代，在町人左右经济发展的江户时代，紫色与红色曾有机会上得百姓之身。但又由于幕府掀起禁止奢华之风，将这两种颜色斥为"奢侈"而再度与百姓无缘。

## 自然环境造就敏感细腻的感悟力

日本自古以来受到岛国自然环境的陶冶，对自然美与色彩美有着敏锐的感受，并形成了独特的审美标准与价值取向。清幽的自然环境使这个民族形成了简朴淡泊的性格、唯美与自然和谐统一的审美取向，即崇尚自然与朴素的月光白、贝壳白，喜好含蓄、和谐的岩石灰、古木褐。即使在现代生活中，接近自然的素朴色调与简约风格仍是社会审美的主流。

日本服饰美的体现还在于颜色的搭配与色彩比重的分配。往往在淳朴的单色中，以少许亮色展现节奏感、韵律感和视觉冲击力，给人以深刻印象。日本人着装倾向于选择单调的颜色，甚至全身统一或黑或灰或咖色，也是这个道理。他们认为平淡的服装色彩会给人留下无尽的遐想空间，它不可喧宾夺主，自身亮丽的皮肤、精致得体的妆容、端庄优雅的举止、亲切和蔼的声音，这些配合在一起才是最具个人魅力的表现。

然而，这些修养以及细腻、敏感地接受美的信息能力是从何而来呢？

分明的四季、海洋的多变、天灾的频发、水稻的精耕细作……这些都造就了日本人细腻、敏感的国民性。这种对事物、环境的强烈感知性，对社会、自然敏感、细腻的观察力，让日本人发现了别样的美。不是艳丽夺目而是素净低调，不是五彩缤纷而是单纯沉稳，并非轰轰烈烈而是闲寂淡泊，不仅有丰盈饱满还有纤细残缺。而以上看似对立的美意识其实被日本人诠释为"对称美"，它不是表面的对称，而是不同角度、不同维度上的对称。

朴素、简洁、单一的色彩选择与搭配

## 禅宗带来崇尚简朴淡泊的审美观

禅宗在中世时期从中国传入日本，宋朝的水墨画、饮茶习惯、居室样式、庭园艺术等也随禅宗一并传来。禅僧的信仰与简素的生活方式极大影响了武士阶层，促使日本茶道、花道等艺术形成，进而给予日本人的精神生活以深远的影响。其中，茶道等艺术形式以"空寂""余韵"❶为美的观念，直接影响了日本人的审美观。在禅僧与茶人眼中，极致的简素意味着无限的丰富。寂寥的风景、残缺与余白、古朴之色，甚至枯衰与消亡都蕴含着余味悠长的美感。这种美与圆满繁复之美迥异，不是引发人们的赞叹与仰视，而是于静寂空无之中使人油然而生无言的深深的感触之情。

禅宗式的审美观丰富了日本人对美的评价标准，也是日本人追求纯、素、暗色彩观的精神源泉。它影响了人们生活的方方面面，从衣食住行到设计领域。在对服饰色彩的偏好上，表现为对沉稳的素色的喜爱、对鲜艳色彩的节制。再如，茶道器具中的贝壳白、原木

---

❶ "空寂"：日文为"侘び（わび）"，原为简素、粗陋之意，后来成为茶道的核心概念，是一种欣赏简洁、古朴、自然不造作、缺憾甚至枯衰与消亡的审美观念。

"余韵"：日文为"幽玄（ゆうげん）"，即意犹未尽的、难以言表的景、物、色彩、行为举止会带给人遐想的空间，潜入人心，这也是一种美。

自然古朴、简洁去造作的作品

黄、岩石灰、枯木褐都是那么自然和谐,分明是精工细作却好似自然天成。还有绘画、摄影中的残樱与残雪,虽让人悲怜感伤却唤起人类共通的凄美情怀。对于日本人而言,这些美意识并非是单纯的视觉效果,更多的是触景生情的心理感受。

在国际化日益发展的地球村里,世界各国的游人、商务人士、留学生往来于日本,日本人特有的审美意识也感染着他们。与此同时,日本的时尚界和服装纺织产业也将日本人的审美特质带向了世界。

御供物

## 第二篇 舌尖上的日本

2013年12月4日，对于日本『和食』来说是个值得纪念的日子。这一天，日本和食正式成为继法国美食术、地中海料理、墨西哥传统料理以及土耳其麦粥传统之后，第5个与饮食有关的世界无形文化遗产。

大海山河为日本带来了丰富的食物原料，日本也因此成为一个美食国。用新鲜原料烹饪的菜肴、使菜肴更添佳味的调汁调料、餐具的使用和盛盘方式的审美观、适应气候与风土条件的食物保存方法等，无不体现出日本人对美食的钟爱，美食烹饪的知识与技术孕育出日本独特的美食文化。

# 和食的魅力

## 调制出"妈妈的味道"

一位日本朋友说:"来中国最想念'妈妈的味道',要是能喝上一碗味噌汤那就好了!"于是,他的中国妻子精心烹制,却始终不合他的意。一日,朋友从日本带回了味噌、高汤等调料,配上豆腐、嫩海带干随意一煮,竟然煮出了"妈妈的味道"。

味噌汤、米饭、配菜、煎鱼,这是日本和食中最传统的家常搭配。其实,"妈妈的味道"就是吃惯了的家乡菜的味道。朋友的味蕾记忆告诉他,这次"妈妈的味道"的唤起,要感谢他从日本带回的那些调味料。

日式高汤、酱油、味噌还有甜料酒决定了和食独特的味道。对于日本人来说,这些味道仿佛都作为"妈妈的味道"深深保存在他们的味蕾记忆中。

提到日本传统美食,耳熟能详的种类颇多,生鱼片、寿司、煮物、煎炸物等。日式美食烹调方式简单,却能保证食材原本的风味,凭借各种调味料做补充来发挥食物最美的风味。

日本NHK电台曾制作了一部关于"和食"的纪录片。片中以"高汤、甘甜、醇厚"这三点概括了"和食"的基本诉求,而它们竟是从微小且温和的微生物孕育出来的。

点燃晒干的山茶树枝,把烧尽的草木灰撒在煮熟的米饭上,两天后便呈现出绿色,这就是米曲霉菌。一种由日本人发现、挑选,并创造出的霉菌。据说平安时代,人们就已经使用山茶树灰培育米曲霉了。"米曲霉即一切",这是1000年前日本人的酿酒箴言,如今日本的酿酒人依旧秉承此训,按照《延喜式》(927)中记载的"大米一石,另加四斗米曲霉"

的比例酿造。米曲霉就是为了酿出美酒而生。

**酱油**是在发现米曲霉大约500年后的室町时代（1336—1573），作用于大豆身上而诞生的。这是一场从酿酒开始不断扩展的味觉冒险。日式酱油分为浓味酱油、用于烹饪浅色菜肴的淡味酱油以及微甜且较浓的渗汁酱油。16世纪起，酱油主要在关西地区生产。17世纪后叶，随着江户人口的增长，以千叶县为中心出现了数家酱油商家，除以往带甘甜味的渗汁酱油外，还开始生产符合江户人口味的较咸、较浓的酱油。

**味噌**即豆酱，与酱油同为日本典型的调味料，也是大豆在米曲霉作用下的结果。据传味噌的原型是1300多年前从中国传来的。在寒冷地区，人们喜爱盐分较多、颜色较浓的味噌，而在气候暖和的地区，则是盐分较少、口味较淡的白味噌更受欢迎。市场上全国销量较高的是长野县各地生产的"信州味噌"，占全国味噌产量的30%以上。

**日式高汤**一般是用熟海带和经过米曲霉分解的干鲣鱼等原料熬制而成。久置的熟海带在微生物的作用下，使高汤味道更为浓厚。往高汤里添加的干鲣鱼削片也如此，在它制成之前，需要多次投入米曲霉，才能使其熟化。干制鲣鱼汁与海带汤融合后，能使人的舌头感觉到超出普通7～8倍的甘美。这是和米曲霉长期打交道后才提炼出来的和食的王道。

米曲霉就如同勤劳的魔法师一样，制作出除盐以外所有和食所必需的调味料。被米曲霉青睐之物历经岁月洗礼，香醇入骨。有它，大米变成甜料酒、醋、清酒；有它，大豆化身为酱油、味噌。

不夸张地说，日本人每天的美味都来自米曲霉的馈赠。这也造就了世界上独一无二的最古老的生物学产业买卖——种曲店。现今，全日本批发米曲霉的店铺仅有10家左右，仅这些店就支撑着全国几乎所有酱油店、酒窖和味噌店约4000家米曲霉的供应。作为日本味道之源的种曲店最早出现在800年前，而日本传统料理也随之定型于那时。

稻米、山茶树、米曲霉，缺其一都无法造就日本人舌尖上"妈妈的味道"。

## 视觉盛宴的缔造者——食器与食之五色

「目で楽しみ、舌で味わう」（中译："赏心悦目、唇齿留香"），这是接触过和食的人最深的感触。其中，林林总总的食器以及菜肴中丰富的自然之色，在它们综合之力的配合下，孕育出了和食的视觉盛宴。

初见和食餐具时，感觉大大小小、形状不一、质地各异。但实际上，它们都是应着不同之需诞生的。

普通日本人的一餐

和食餐具起源于日本自古以来席地进餐的方式。为了缩短饭菜从地板夹入口中的距离，日本人有了用手端碗吃饭的习惯。于是，如今的日本家庭，每位成员都拥有适合自己手掌大小的、容易使用的餐具。可以说，正是这一食文化现象孕育了日本人对器皿所产生的细腻感，从而也使今天日本的器皿造型如此丰富多彩。

陶器、瓷器、漆器、木器、玻璃器，和食餐具的质地林林总总。而这些不同质地的餐具极好地配合着和食对四季更迭的呼应。日本人会根据不同环境使用不同质地的餐具。以盛饭的碗来说，夏天往往使用表面光滑且令人有清凉感的瓷碗；而冬天，人们大多用的是手感温暖的陶碗。而这种呼应还体现在和食菜肴的色彩上。源自自然恩赐的食材，绿、黑、红、黄、茶，这五色是最基本的。这些自然色的组合，构筑了日本菜肴独特的审美意识，同时，也做到了营养成分的均匀摄取。日本菜肴的美，并不是单纯外在的，正因为这种美来自大自然的规则，所以它赏心悦目。

## 舌尖上的母爱——妈妈的便当

爱子的便当

这是令和天皇的爱女爱子的便当。根据日本政府规定，小学生的午餐由学校提供，而中学生则必须自带便当。

那么，爱子的便当是谁做的呢？宫内厅❶说，是爱子的妈妈雅子妃。

雅子妃的中学时代，也是带着妈妈的便当去上学的。自己做了母亲，她也不忘这一传承。也许她觉得，便当虽小，却维系着家庭的温暖，是让孩子感知母爱的最好纽带。

日本很早以前就有做便当的习惯，且以他国前所未有的速度快速发展。据说这是因为日本米的特性，煮熟放凉后依旧好吃。日本传统的便当是米饭，菜以鱼类、肉类为主，以咸梅等酱菜作配菜。这也反映了日本自古以米饭为主食的饮食习惯。便当是装在易携带的器具里的，装便当的盒子叫作"便当盒"。这种习惯在外国人看来是日本独特的文化现象，

---

❶ 宫内厅是协助皇室的机关。它是一个神秘的政府机关，处理日本皇室成员的一切事务，无论大小，控制日本皇室成员与外界联系的渠道，紧握日本皇室历史的官方版本。

英语直接称其为"Bento"（同日语发音）。

明治时（1868—1912）出现了在火车站出售的车站便当。战后，更是扩展至超市。1989年前后便当专卖店和便利店开始兴起。如今，团体旅行和做法事时需要大量便当，并且要求菜式高级。为此还出现了很多做外卖的料理店和日本式饭馆。虽然购买这类便当的人日渐增多，但制作便当已成为日本传统的家务事之一。作为日本女人，至少应该会做这几种便当：赏樱便当、运动会便当、爱妻便当和爱子便当。不会做便当，不光自己会被人笑话，就连老公和孩子也要被人笑话。

做便当要讲究营养搭配和美观美味，少了中国的"色香味俱全"中对"香"的要求，多了营养搭配。日本料理中很少有像中国趁热吃的炒菜，生冷和蒸煮料理比较

日本女人做便当谨记守则：

- 不找借口说没有时间做；
- 目标是让人看起来就有胃口；
- 红、黄、绿三种色彩要一应俱全；
- 不用买回来的现成饭菜；
- 菜和菜之间不见饭盒底。

各种可爱的便当

多，即使放凉了味道也没有太大变化。而且也没有吃凉饭对胃不好的说法。因此日本人都是吃凉便当。热烘烘的米饭虽然好吃，凉饭团也别有一番滋味，两者传达的都是一样的爱。

午休时在办公室或学校里和同事、同学一起吃午餐，大家难免伸头互相打探对方的便当。因此女主人的手艺就关系到丈夫和孩子的脸面。便当里装满了为人妻、为人母的爱与手艺，不光是为了果腹，也是安慰家人工作、学习时劳顿身体和疲惫心灵的一支营养剂。便当还是和丈夫、孩子沟通传情的好手段。有的女人在丈夫便当里放上孩子最近画的画，鼓励孩子爸爸为了家庭努力工作；有时在白米饭上用海苔等食材写上"辛苦了"或"对不起"之类的字样；有时也在便当里装入带有暗示含义的心形食物，提醒老公今天早点回家。有话借便当说，这样才能显现出日本女人的温柔和含蓄。

# 没有"海鱼"怎么行？！

筑地市场里待拍卖的金枪鱼

东京筑地市场

上图的拍摄地位于东京著名的鱼市——筑地市场。这里是世界最大的鱼市，位于东京的中心区，素有"东京大厨房"的美誉。它源于江户时代（1603—1868）德川家康在隅田川北岸开设的一个专门集市——"鱼河岸"。素有日本《清明上河图》之称的《熙代胜览》中，就非常生动地描绘了当时鱼市的繁荣景象。不过，这一切在1923年的关东大地震时被毁于一旦。待新市建成后，又历经了70载岁月更迭，人气拢聚至今，迎来了如此这般的美誉。人们都说，这里是了解日本鱼文化的最好去处。

慕名而至，当你亲临这间闻名于世的"美食厨房"时，或许顿时会涌上一股宛如冷水泼身般的失落之情。望着湿漉漉的水泥地，穿过狭窄的人车通道，怎么看，似乎这个老旧的扇形建筑也与如上所说的那些名头大不相符。但细细了解，便会明白什么"世界最大""东京厨房"的说法绝不是空穴来风。看看筑地市场一天2000吨的海产处理量，绝对让你瞠目结舌。不过，最精彩的还不止如此，这里的海产拍卖才是一道最佳的风景线。由议价到落标，转瞬间便做成了几十亿日元的大宗买卖。据说就在几年前，筑地鱼市新年开门迎客的第一天，首批金枪鱼便拍出了史上最高价。其中一条重达222公斤的蓝鳍鲔金枪鱼竟拍出了1.55亿日元（约合177万美元）的天价。

23万平方米的占地面积，绝对是一个不可小觑的规模。当然，筑地市场绝不是个虚有其表的空架子，各类鱼鲜种类繁多到令你眼花缭乱。各式各样的海菜、海贝、海蜇、梭鱼、鳗鱼，还有很多叫不上名字的奇怪生物，一句话，这里只有你想不到的，绝对没有你吃不到的。整个市场有大的批发商8家，中间商1000余家。在这里，每天从凌晨3点，各路人马就开始忙碌起来了。装鱼的、运鱼的、验鱼的、称鱼的、卖鱼的和买鱼的。当然还少不了像我们这样纯粹看景的外国人，使这本就忙碌的市场变得更加拥挤不堪。大家不为别的，都在为这里的"鱼"奔走着。

其实，东京的筑地鱼市就是一个日本人鱼文化的缩影，日本各地大大小小的鱼市不胜枚举。这终究是源于日本人的爱鱼情结。吃鱼是日本饮食文化中最大的特点，用日本人自己的话说，他们是一个"彻底的食鱼民族"。鱼的文化已深深植入日本人的骨血里，甚至成为其存在的基因与背景。

当然，这一结果并不是日本人自主选择的。日本位于台湾暖流和千岛寒流交汇之处，近海鱼类丰富，为世界著名的大渔场之一。辽阔的海域带给日本丰富的水产资源，加上近海还有广阔的大陆架及浅滩地带，适于鱼类生息聚集和藻类的繁殖，产量居世界第一位。近海鱼类约有800多种，既有寒海洋性鱼类，如大马哈鱼、鳝等，又有暖海洋性鱼类，如金枪鱼、大头鱼、秋刀鱼、沙丁鱼等。既然生活在海洋环抱之中，岛民们也就很自然地接受了大自然的这一赐予。考古学家从贝冢遗迹中挖掘出了种类繁多、数量庞杂的鱼贝类。由此推断,自一万年前绳文时代(前12000—前300)起,日本人便已经开始将鱼贝类作为了餐桌上的一道主菜。在日本可以品尝到的海鱼达300种以上,日本人也以最大限度地利用海产品而自豪。

其实,被大自然赐予这一美味的,不是只有日本这一个国家。但是,能像日本这样,将鱼文化发展到极致的并不多见。细细追溯,大自然的恩赐是一方面,除此之外,其人文信仰因素也起到了至关重要的作用,它进一步地加深了日本人对食鱼口味的依赖。在古神道教中,人们视食肉(指的是猪肉、鹿肉、牛肉等,不包括鱼肉)为不洁。而后又随着佛教的日益普及,贵族社会刮起了一股素食主义风潮。这一饮食习惯又缘于多位天皇颁布的肉食禁令而被百姓们所接受。

日本正德天皇信奉佛教,以身作则,从不杀生。而后的天武天皇更进一步,以己推人,颁布了"五不杀令"。所谓五不杀,就是不杀牛、马、猴、猪、鸡五种生物。此令一出,朝野上下,鱼肉便成了人们日常获取动物蛋白的唯一选择。而这一现象又如同蝴蝶效应般,影响了日本饮食文化千年之久,直到明治时期才得以解禁。

惠比寿画像

JR东日本惠比寿站前的惠比寿雕像

在日本人的意象深处，作为海洋最忠实的使者，海里的鱼儿们成了大海与人类之间的一种羁绊，它不仅提供了人类温饱与营养，又滋育了无穷的想象。日本有一位本土神仙，名叫"惠比寿"。它是日本著名的七福神之一，也是其中唯一一位日本固有的神明。自室町时代起，他以"渔业神"的身份，被世代日本人所供奉着。常见的形象是头戴乌帽、身穿狩衣、右手持钓竿、左手抱鲷鱼的姿态（见惠比寿画像），很是亲切可人。

心思细腻的读者可能会问了，惠比寿手中抱着的为何是条鲷鱼，而不是其他旁类的海鱼，诸如生鱼片中的极品——金枪鱼之流。在日本神道教信仰中，鲷鱼有着至尊的地位。这或许和它的读音有关，鲷鱼的日语发音和日语可喜、可贺发音类似。因此，鲷鱼也就成了日本人娶媳嫁女、大小节庆时必不可少的食材。即便是今天，日本人仍保留着送整尾烤鲷鱼的习惯。细考这一习惯的源头，源自室町时代前后。14—15世纪，据说是日本人食鱼文化的一个小转折点。此前，在公家贵族文化时期，由于京城距离大海比较远，且食物的保存技术不佳，所以淡水鱼要比海鱼吃香得多，其中鲤鱼是鱼中之王。而进入室町时代之后，人们逐渐对海鱼有了新的认识，其中特别是鲷鱼很自然地取代了鲤鱼的地位。而到了江户时代，鲷鱼又得到了将军大人的特别"宠爱"，其地位更是"如日中天"。再加之江户城（现东京）面朝大海，海鱼更是成为人们餐桌上不可缺少的一道主菜。

日本人很讲究鱼的分类，按照鱼肉的颜色分为白身鱼和赤身鱼。白身鱼实际上属于少脂鱼，脂肪含量不高，不过1%～2%而已。如上所说的鲷鱼就属于白身鱼一系。据说江户时代的百姓最喜欢吃的就是这种白身鱼。当时社会上流传着食鲜鱼肉可延年益寿的说法，甚至具体到了吃掉一条鱼可延寿75天的准确程度。传闻就是这样，越是具体化，信众就会越多。所以，当时百姓吃鱼都是即打即食。当然，就白身鱼自身的条件而言，也规制了必须要鲜吃才能保证其最佳的口感。而之所以其鱼肉呈现白色，用现代科学的说法，那是因为其肌肉中不含有肌红蛋白的缘故。

另一种赤身鱼则属于多脂鱼一系。比如沙丁鱼、鲣鱼或金枪鱼之类都属于此类。与白身鱼不同，赤身鱼很是耐冻，反复冷冻也不会影响其质地和口感，所以大大小小不同规模的餐厅里，常常会看到以金枪鱼为主材制作的生鱼片和寿司。久而久之，这也成为日本人饮食文化中不可或缺的部分。

日本人吃鱼还讲究季节，称为鱼汛。就拿日本人喜爱的鲣鱼来说吧。据日本朋友介绍，这可是"宁可典当了老婆也非吃不可"的美食。它们的游走线路通常是先沿着太平洋随黑潮北上，抵达北海道后会在此掉转头来，折返南下，二三月份到达九州。此时的鲣鱼们身上还没上膘，鱼肉尚还贫薄，只适合做成"鲣节"，也就是我们所说的柴鱼或是鲣鱼。顾名

室井其角

思义,所谓"鲣节"就是将鲣鱼干燥后的成品。而那些未被早早捕捞的鲣鱼们则会洄游到静冈县,绕过伊豆半岛,春末夏初之时,到达神奈川县相模湾。此时的肉质最为肥美,日本人称之为"初鲣",最适合做成生鱼片上桌食用。此时,江户人(老东京人)便会为了这一人间美味而奔走忙碌起来。每逢这一时期,日本人脑中便会浮现出这么一首极具画面感的俳句,"紫藤花开了,扳着手指痴等待,坐食初鲣日"。这是松尾芭蕉第一门徒室井其角(1661—1705)所做的俳句,很是应情应景。

像这样,日本人根据每种鱼不同的最佳食用季节,尽情享受着大自然的恩赐。与此同时,这些鱼类也成了四季更迭的风向标。诸如蓝点马鲛会在春季准时登场亮相,走入日本人的厨房。而到了秋季,最忠实的报时鱼、秋刀鱼会如期而至,成为日本人餐桌上的绝对主角。它们最早会在八九月份出现在东北岩手县附近的三陆海岸地带,而后会在十一月份左右,南下到达东京附近的房总半岛。新鲜的秋刀鱼用炭火烤制,配上萝卜泥一起来吃最有味道。火炉上青烟缭绕,伴着瑟瑟秋风,望着炉上那烤得半黑发亮的秋刀鱼滋滋渗出的鱼油,品着秋的味道。美食美景相得益彰,烤秋刀鱼当仁不让地成为日本人秋季里一道不可缺失的风景。其实,人是一种很奇特的动物,许多情感,许多回忆,甚至包括对人生的感悟都深深潜藏在了我们的味觉里。所以,这也成就了日本人喜用鱼儿来寄托情感的习俗。

如上所说的鲷鱼是如此，此处讲到的秋刀鱼亦是如此。结婚、就业、生子人生三件要事，必有秋刀鱼到场。日本人常讲，秋刀鱼一出，便知秋意甚浓，无名的伤感涌上心头。当然，其中的风俗与情怀恐怕是非日籍人士难以深刻领会得到的吧。1964年小津安二郎导演拍摄了一部名为《秋刀鱼之味》的电影。影片以秋刀鱼之味来寓意步入暮年之后的那份孤独与寂寞。在导演的拍摄日记中，写过这样一段话："春天在晴空下盛放，樱花开得灿烂。一个人留在这里，我只感到茫然，想起秋刀鱼之味，残落的樱花有如布碎，清酒带着黄连的苦味。"

论及鱼的做法，或腌或烤或煮或煎，或熟吃或生食，各种做法兼而有之，而其中最被日本人所推崇的还是生鱼片。日本人将生鱼片读作"沙西米（Sashimi）"（日文写作"刺身"）。这恐怕也是大部分外国人最先能想到的日本鱼料理的做法吧。现如今，"Sashimi"一词俨然已经成了一个国际用词，在英语圈的鱼市场或是鱼店里，将可生吃的鱼统统称作"Sashimi Quality"。说到食生鱼片的历史，最早可追溯到12世纪的宫廷料理。据宫廷食谱中记载，其吃法与现今不无两样，先是将鱼剥皮去刺，切成如纸的透明状薄片，端上餐桌，蘸上由酱油、姜泥、山葵调成的作料即可食用。细细咀嚼，滋味美不可言。一般的生鱼片，以鲣鱼、鲷鱼、鲈鱼配制。而最被日本人喜爱的，还要数金枪鱼生鱼片。特别是其脂肪最多的部位，日语念作"托罗（Toro）"，将其切片上桌，绝对是生鱼片中的极品。不过，这一现代人口谕中的佳肴美味，曾几何时被视作废物，或是丢弃或是红烧。其实，依笔者个人口味，红烧Toro肥膏，更是美味无敌。

都说现代日本人的饮食习惯在悄然发生着变化，鱼类的消费量正在不断下降。对于日本传统的食鱼文化而言，2006年应该算是最令人难忘的一年。这一年，日本的人均鱼类日消费量（80.2克）首次低于肉类消费量（80.4克）。可以说，这是自绳文时代（前12000—前300）起日本列岛食鱼习俗的一次大逆转。据日本水产厅2011年度进行的"水产动向"调查结果表明，2010年日本水产品的国内消费量为886万吨。其中有77%，大约680万吨流入食品消费环节，这与10年前的853万吨的消费量相比，减少了173万吨，下降了20个百分点。这个数字可能对于大家来说，过于庞大了一些，体会感不强。那么，让我们把它折算到国民每个人身上，其年均鱼类消费量，则是从2001年的40.2吨降至2010年的29.5吨。再细算到单日，则人均摄取量从2001年的94克降至2010年的72.5克。而同年（2010）肉类的摄取量则达到了82.5克。10年的时间，日本家庭在鱼类食品上的月均支出减少了20%左右。正如日本媒体所说的那样，日本人已经开始逐渐地"脱鱼入肉"了。

尽管如此，日本仍旧排在了全球食鱼国家的前列，仅次于冰岛，位居第二的位置。再聚焦到日本国内，那些卖肉的商家也好，食客们也罢，其实追根溯源，仍旧摆脱不了鱼文化的影子。似乎但凡是新品肉类问世，只要说是与哪种鱼的味道相近，就能赢得日本人的青睐。由此说来，现代的日本人依旧有着很深的食鱼情结。那么，又是何故造成了肉类与鱼类"分庭抗争"局面的呢？

说到鱼消费量的减少，就笔者个人分析，一方面是现代人"嫌麻烦"的心理在作祟。的确，根根鱼刺挑剔起来很是费时。另一方面则是自明治开国以来，欧美文化的逐步渗入，西餐文化悄然占领了部分消费市场。现如今的日本，即便是六七十岁的老者也都开始有了食肉的倾向。而面对传统鱼食时日本人的态度是，讲究时髦，那些昂贵高档的金枪鱼、三文鱼等鱼类则成了消费主流。

# 素食风潮下,"山鲸""红叶"要偷着爱

鸟山石燕《今昔画图续百鬼》中的百百爷

谁知道这画中人是何许人也？

其实，他并非人类，而是妖。日本民间传说中的食人恶妖，他常被人唤作"百百爷"。听这名字，就知道这只妖怪定是位上了年纪的长者。不错，在日本浮世绘大师鸟山石燕的作品中，这只妖怪就是以手拄拐杖，浑身长满毛发的老者形象现身的。

说到"百百爷"名字的由来，据说是源自江户时代人们的一个民间俚语。江户时期，人们常常会将长有浓密体毛的野兽，诸如野鹿、野猪等，称之为"百百爷"。百百爷在山林之中居住，因为以山中野兽为食，故其头部变为了猪面鹿角之相。因此，在许多描绘"百百爷"的浮世绘作品中，野鹿、野猪几乎成为描述此妖的关键词。坊间也常常把"百百爷"说成是猪面鹿角的样子。

在日本，一讲到"百百爷"这只妖怪，很自然地便会让人们联想到一个有趣且又有些令人纠结的市井民俗。据说在江户时期的江户城里，兴起了一类叫作"百百爷屋"的店铺。他们经营诸如鹿肉、猪肉等红肉类的食品。不过，在这类店铺中经常会看到"挂着羊头卖狗肉"的现象。卖猪肉不叫卖猪肉，被称之为卖"山鲸"。相比之下，鹿肉的代用语则显得诗意了许多，当然也更不靠谱，被称之为"红叶"。说到这里，大家可能又会误会说，这不就是商家沽名钓誉的小伎俩嘛，想借着"美名"图个好的卖场。非也，非也。事实还真并非如此。导致这一结果的，全然是店家们在"素食主义"风潮下的无奈之举。在江户时代的大部分时间里，日本都是处于"禁肉令"的状态。平日里，上至贵族公卿下到黎民百姓，都是不可以随意食肉的。唯一可以正大光明吃肉的机会，就是生场重病。因为自古以来，日本人就认为鹿肉、猪肉有药补的作用。所以，确切地讲，"百百爷屋"就是经营日本"药膳"的地方。细想想，这一民俗还真是够"纠结"的，遇到"百百爷"会生病，可生了病又偏偏要到名为"百百爷屋"的地方去买所谓的"药膳"来吃。

据说当时，江户城里要属地处两国广小路以及位于麹町一带的店铺最为有名。店里的"山鲸""红叶"，或刷或烤，美味无比。而很多美食家也认为，近代之后出现的诸如"鸡素烧""樱锅"等吃食做法，追根溯源，很有可能就是源自这所谓的"药膳"呢。现如今，在东京街头我们还能见到此类"老字号"的身影。比如位于日本桥附近就有一家创业于享保3年（1718）的"百百爷屋"。店头上挂着一头金光熠熠的巨型"山鲸"，似乎它已成为这家"老字号"里最大的招牌，迎来送往，食客不断。

说到日本人将"山鲸""红叶"视作药膳的历史，可谓是由来已久。最早可追溯至古坟时代（250—538）。据说当时人们一年中，会以"药猎"之名，举行数次捕猎的活动。或许是缘于当时人们对此类"药膳"的庞大需求量，日本早早便开始兴起了养猪业。据《日本书纪》记载，古坟时代，朝廷里就设有专门负责养猪的"猪使连"一职。在钦明天皇时期（509—571），还曾在吉备国❶设置了"白猪屯仓"。随后天皇又赐予审定田户丁籍有功的胆津"白猪史"一姓。

但是，到了奈良时代（710—794），这项国家性养猪事业却随着佛教的传入，而逐渐淡去，虽未完全消失，但也渐渐远离了人们的日常生活。而与此同时，一股"素食主义"风潮开始风靡开来，由贵族社会逐渐吹向民间，并在日本人的餐桌上延续了上千年之久，直至日本进入近代社会之后才有所改善。其间，这种"山鲸""红叶"作"药膳"的特殊风俗，也很自然地从台前转向了幕后，它与素食之风可谓是此消彼长、此增彼息地悄然存活着。

这股始自奈良时代的素食主义时尚风，其始作俑者便是天武天皇。或是出于其对宗教的虔诚之心，也或许是缘于统治者的某种政治考量，675年，天武天皇昭告天下，颁布了禁猎令和禁肉令。自此，贵族们开始摒弃肉食，改食牛奶等乳制品，以此来摄取足够的营养。正月里，原本宫廷祭祀所使用的红肉，也以鸡肉取而代之。而在民间，寻常百姓哪里比得上贵族的奢侈，诸如牛奶这种金贵之物岂是可以随便得之。再加上，人们实在是难以抵挡"山鲸""红叶"所带来的这一舌尖上的美味。因此，尽管朝廷多次颁布食肉禁令，但食肉的习俗依旧存在。另外，在日本民间，自古就流传着"家畜不可食用，猎杀的动物无所禁忌"的说法。这也就促成了猎食鹿肉、猪肉的习俗一直被保留下来。

而到了平安时代，源自奈良朝贵族社会的素食主义风潮更是愈演愈烈。不仅是贵族公卿，就连平民百姓也开始对食肉产生了排斥心理。食肉的习惯虽未被完全杜绝，但肉食也成了仅在节庆之日，才会摆上餐桌的食材（据《和名类聚抄》）。在日常生活中，取而代之的是飞禽、鱼类，它们成了餐桌上的主角。而随着人们对鱼肉的需求量增大，鱼肉的价钱也翻着跟头地往上涨。据《延喜式》❷记载，大米与柴鱼片（鲣节）的兑换率，比《大宝令》❸时期高出了2～3倍。不过，在《今昔物语集》中，我们还是能够读到平民买肉的情景。由此可见，在民间百姓间，食用肉食的习惯并未完全消失。

而到了武士一统江山的时代，武士不屑于贵族公卿们在饮食方面的"附庸风雅"，因

---

❶ 吉备国是日本在设置令制国以前存在的一个国，别名吉备道、备州。其地域为今冈山县全境、广岛县东部、香川县岛屿部分以及兵库县西部。
❷ 《延喜式》是平安时代中期延喜五年（905）由醍醐天皇命令藤原时平等人编纂的一套律令条文。其中对于官制和仪礼有着详尽的规定，成为研究古代日本史的重要文献。
❸ 《大宝令》又称为《大宝律令》，是日本古代的基本法典，701年制定，包括律六卷，令十一卷，由藤原不比等纂，将日本至7世纪以来"近江令""天武令"等制度与法规修正补订成完备的法典。奠定日本作为一个中央集权国家的法治基础，也是大化革新施行成功的重要注脚，直到757年养老律令颁行前，一直是国家基本法。

此，整个社会，人们对食肉的禁忌又开始渐渐淡化。在 12 世纪后半叶成书的《粉河寺缘起绘卷》中，就描绘了猎户大口吃肉，制作肉干的情景。然而，好景不长，不久禅宗传入日本。在其影响下，被称之为"精进料理"的素斋开始广为流行。另外，在神社的"物忌"期间，食肉也是大忌之一，特别是鹿肉、猪肉这些在平安时代未被禁止的肉食，此时也被归入了禁食之列。

不过，在"精进料理"中，也并非所有食材都来源于植物，偶尔也会看到诸如"猪羹"之类的肉食摆上餐桌。另外，此时的古医书《日用食性》中，也特别指明了，将兽肉烹制成羹，或煮或烩，或做成肉干食用，可医治百病。

时光辗转，到了我们今天所说的江户时代。从原则上讲，在江户时代的大部分时间里，关于食肉的禁忌依旧存在，特别是上流社会还会严守此风俗。比如战国时代（1467—1615）在制作"狸汁"时的主材狸子，到了江户时代则被魔芋、牛蒡、萝卜取而代之。

不过，上流社会的这一风雅之举，到了民间就全然变了模样。特别是在江户初期，食肉的习俗被更多的民众所接受。庆长十八年（1613），一位名叫 John Saris❶ 的英国商人来到日本，在日本平户岛（位于长崎县北部）开设商馆。在其见闻录《The voyage of Captain John Saris to Japan, 1613》中，曾记录了日本人养殖和食用家猪的现象。不过，在统治者德川家康眼中，这一"西教东渐"的行为已经严重危及幕府的正常统治秩序。出于"禁教"的需要，他采取了一系列措施，其中就民众的饮食而言，明令遵守"禁止杀生食肉"的戒律。而这一结果直接导致了整个社会食肉习俗的淡化。之所以说是"淡化"，而未说"消失"，笔者是有其根据的。一方面，从当时政府的角度来说，"禁止杀生食肉"仅是为驱除"西教东渐"影响的手段而已，百姓并不会因为嘴馋偷吃而丢了性命。另一方面，在民间还是存留着一大批肉食爱好者的。不然也就不会有诸如《料理物语》(1643)、《料理食道记》(1669)等介绍肉食烹饪技法的书籍问世了。据说在元禄❷前期的延宝、天和时期，在江户城四谷地区还开设有肉市（据江户后期的学者、喜多村信节《嬉游笑览》中记载）。竟然在将军眼皮底下开肉市，可见，对于幕府朝廷而言，只要是达到了遏制"西教东渐"的目的，民众吃不吃肉就已经变得不那么重要了。

---

❶ John Saris (1580–1643) was the captain of the first English voyage to Japan, in 1613, on board The Clove. As chief factor of the British East India Company's trading post in Java, Saris' mission was primarily one of seeking trade. Saris had started his career under command Henry Middleton on the company's second voyage to Asia.

❷ 元禄是日本的年号之一。在贞享之后、宝永之前。指 1688 年到 1703 年的期间。这个时代的天皇是东山天皇。江户幕府的将军是德川纲吉。

不过，纵观整个江户时代，的确出现过一段对食肉禁忌监管得最严格、最苛刻的时期，那就是元禄后期。熟知这段历史的读者想必都不会忘记，这一时期的著名统治者，绰号为"犬公方"（狗将军）的德川纲吉（在职期为1680—1709年）。这位统治者一生爱狗，他曾下令为其爱犬建造豪华级狗舍，还请专人照顾狗狗的饮食起居。为了爱狗，他特别颁布了《生类怜悯令》（1687）。该项法令，在其颁布之初，本是为了遏制战国时代滥杀狗狗的陋习，应该说是一项再正经不过的法令了。不过，最终却被这位偏执的"狗将军"演变成了一个极为偏执的法令。在法令颁布后期，竟然发展到不小心吃掉只蚊子都有可能被判刑的地步，民众整日都生活在岌岌可危的状态下，惶惶不可终日。与舌尖上的诱惑相比，还是保命更为重要，很自然地，百姓对肉类采取了敬而远之的态度。由此说来，在《生类怜悯令》的颁布施行期间，日本人将素食主义风潮推向了一个极致巅峰。

不过，还好，这一痛苦时期很快就过去了。而到了江户末期，出现了一位与"犬公方"的趣味截然不同的将军，即第15代将军，也是日本封建王朝最后一代将军，德川庆喜。他平生超爱吃猪肉，特别喜欢吃萨摩藩出产的猪肉，故此，被世人封了个"豚将军"（日文中"豚"即为家猪之意）的"雅号"。也正因如此，当时的日本掀起了一股食用猪肉的热潮。也正是在这股热潮下，江户城里开起了许多打着"百百爷屋""山鲸"之类招牌的店铺。如下页这幅浮世绘作品，就描绘了位于江户城中的一家猪肉店，招牌上写着大大的"山鲸"二字。在文政十年（1827）出版的由佐藤信渊❶编写的《经济要录》中，就记录了当时日本社会食用猪肉的现象。文中还特别提及了备受"豚将军"喜爱的萨摩藩的白毛猪，称之为猪肉中上上品。而这一现象的出现，也为明治之后"肉食文化"的兴起揭开了序幕。

不过，尽管如此，经历了千年素食文化洗练的日本人，特别是在日本上流社会中，人们还是对食用肉食心存芥蒂的。比如幕末的儒学大家、寺门静轩❷在其著作《江户繁昌记》中，曾记录了一群大名走过位于麹町平河町一家"百百爷屋"时显现出的厌恶、不悦的表情。另外，在日本启蒙思想家福泽谕吉的自传中也写道，幕末，在其就读的大阪"适塾❸"附近开有两家"牛锅屋"（1862年左右在日本大为流行，据说这就是现在我们所说的"鸡素烧"的前身）。常常来此光顾的客人除了市井无赖，就是那些在"适塾"里读书的学生。文中说，在当时禁食肉食的世风下，这类"牛锅屋"属于档次极低的店铺。再有，

---

❶ 佐藤信渊（1769—1850），江户后期的思想家、经济学家、农学家、农政专家。
❷ 寺门静轩（1796—1868），幕末儒学家，谥号为良，字子温，俗称弥五左卫门。
❸ 适塾，为著名兰学家、医生绪方洪庵在江户末期于大阪市中央区开设的讲授兰学的私塾。其正式称呼为"适适斋塾"。

《名所江户百景》❶ 中所描绘的江户比丘尼桥（现八重洲）附近的猪肉店

就是一个来自于官方的爆料了。据说文久三年（1863），池田长发❷等率团出使欧洲，一行数日始终不食肉食，甚至连牛奶、面包等物也坚决不流入口中。真是难为了他们，美食当下却还如此坚守。不过，这倒也反映出了日本人为继了上千年的意识观念，即猎杀来的肉食是可以食用的，而捕杀家畜是万万不可的；腿越多的动物，越不可食用，因此日本人最常食用的肉类就是鱼，其次是禽类，也就是说，白肉是日本人的最爱。其次才轮上哺乳类动物，其中还多局限于野鹿、野猪等。故而，直至"二战"后经济高速增长期之前的日本，红肉的消费量一直都未超过鱼肉。而鱼肉也成了日本人餐桌上的绝对主角，是世代日本人蛋白质营养的主要来源。

---

❶ 《名所江户百景》是浮世绘师歌川广重在安政 3 年（1856）到安政 5 年（1858）创作的浮世绘。
❷ 池田长发（1837—1879），为旗本（江户幕府时期德川军的直属家臣，石高未满 1 万石的武士），备中国井原一域的领主。

# "田"字与日本人餐桌上的绝对霸主

传统和食料理

## 米,餐桌上绝对的霸主

如图所见,这是我们印象中最传统的一餐"和食料理"。米饭配上梅子,外加一碗味噌汤、一碟腌小菜。当然,由此我们就得出如题所示的结论未免有些牵强。但是,事实上,除此之外,在日餐体系中,总是会看到许多以米饭唱主角儿的餐食。比如带着浓浓日本味儿的"寿司"。喜庆日子里做的"赤豆饭",简单易做的"茶泡饭",馋人的"猫饭",解饱的"盖饭",腥味十足的"生鸡蛋拌饭",深受孩子们喜爱的"咖喱饭",当然还少不了米制的各类精致小点,更是不胜枚举。日本人甚至连吃个面,还要配着白白的米饭一起才过瘾。如今,在日式的餐馆里,没有米饭,日本人会有"这一餐没有吃"的感觉。也正因如上这些表象,"日本人喜食米食,自古有之"这一说法,便悄然间占据了我们外国人的心间。

不过,事实并非如此。日本人食白米饭的习惯始自昭和年间(1926—1989),更确切地讲,是从第二次世界大战之后才开始兴起的。此前,日本人的餐桌上,并不是摆着白花花的大米,而是以碾碎的大麦米为主食。

生鸡蛋拌饭

如今的日本人还会时常念叨起关东的"糅饭"(掺杂粮的米饭)、关西的茶粥(用茶水煮的粥)、东北地区的菜粥,这些都是比较有代表性的"食稻米"前的主食。当时以米、粟掺和在一起的混合饭属于上等。一般人家则是将麦、蚕豆、白薯干混合在一起煮成菜粥来食用。直至明治时期,各家的男子用石臼捣糙米的情形还是一道常见的风景。

其实，这一景象的普及直接与白米的弥足珍贵有关。奈良朝以来，日本连遭自然灾害。朝廷鼓励农民种植大麦、小麦、荞麦。实际上，庶民只能吃粟、藜种等充饥，麦饭实属上等货。

而关于"粥"，这种与杂粮米饭相比更易吸收的吃食，细考下来，应该是始于平安时代。相传和泉式部❶的一个情人道命阿国梨为了嘲弄客人，只让他们喝稀粥，而自己食下面的稠粥。可见从日本平安时代开始，粥就成为日本人喜爱的食品之一了。有一种诙谐的说法，"平安朝的人过于柔弱，失去奈良朝的豪壮性格，所以连饭都变得稀软了"。

"冬天早晨登上比睿山的人们可听到城内京都人'吸溜''吸溜'的喝粥声。"这是明治末期京都一带流传的笑话。早饭食粥，这不仅是京都人的习惯，日本近畿一带、中国地区❷（特别是濑户内海各岛）、东部至北陆一直到新潟县都有食粥的习惯。明治以来，随着西式教育的普及，城市里食早粥的习惯逐渐消失。特别是粥无法装盒饭，所以也就很自然地被能装进盒饭的大米饭所取代。

从日本的河内、大和地区到纪州地区人们都很喜欢食茶粥。将茶叶末装进布袋、竹笼放进粥锅里煮，有时还可加一些蚕豆煮食。农户人家往往煮一大锅粥，以便工休时食用，还有人将热粥加入冷饭中食用。由于保健部门的宣传，粥中的食材日渐发生了一些改变，除将豆类放进粥中煮食以外，平安时代的日本人还开始喜欢上了芋粥、栗粥、菜粥等。

古时的炊具多为素陶制品。煮米需要一定的时间，素陶却难以承受长时间的熬煮，否则胎土崩裂，饭内也会掺杂土腥味。所以古代日本人用厚布、大树叶将米包裹起来放进素陶锅内煮或用蒸汽蒸。平安朝时代制陶术有了很大的进步。由于土陶炊事用具外面涂上了一层釉，人们不用担心胎土崩裂。过去那种既费燃料，又费时间的蒸饭法不再受欢迎。煮饭开始称粥，以便与蒸饭相区别。后来煮饭法普及，人们称煮饭为"姬饭"。称水分多的煮饭为粥。真正的粥开始称"汤"，后来仅称水分多的汤为粥。直到今天日本人仍有"重汤"的说法。

营养颇丰，且被赋予吉祥寓意的"赤豆饭"，其名字最早出现在日本镰仓末期（14世纪中叶），而论其流行是进入到室町时代（1338—1573）之后的事了。最早的"赤饭"是用红小豆和糯米制成。盂兰盆节时，食用的松茸饭据说也可算作"赤饭"一类，尽管这些饭并不红。

"汤泡饭"，于我们中国人眼里，这是一餐多么"糊弄人"的饭啊！不过，将其放在日

---

❶ 和泉式部，（987—1048），日本平安时期的女诗人。她不仅是天才的诗人，而且是个热情奔放的绝代佳人。她的一生是颇多恋爱纠葛并为之所苦的一生。她的诗歌直抒胸怀，构思奇特，充满了新颖别致的魅力。她位列中古三十六歌仙。她与《枕草子》作者清少纳言、《源氏物语》作者紫式部并称平安时代的"王朝文学三才媛"。
❷ 中国地区（日文：中国地方（ちゅうごくちほう）），是日本地域中的一个大区域概念。其位于日本本州岛西部。由鸟取县、岛根县、冈山县、广岛县、山口县5个县组成。

茶 泡 饭

本饮食界,那却是历史悠久、深得百姓喜爱的饭食。作为它的"兄弟","茶泡饭"更是被现代的日本餐饮人士包了装,搞出了国门,远播开来。

所谓"汤泡饭"就是将汤倒入饭中,由此推来,将茶倒入饭中的便是"茶泡饭"了。说它历史悠久,相传日本幕府时代的足利将军就食用过它。石山本愿寺为僧侣们提供的三献三汁十三菜的膳食中也包括有它。推测"汤泡饭"大概是为了解酒而生的。

一个大官家里,相继来了许多客人,主人家逐一款待,但是,最后一个客人来到时却没有菜了。主人很生气,大声训斥仆人。仆人说:"还有汤呀,他为什么不吃汤泡饭呢。"

这是流传日本民间的一则笑话,其中倒是说明了汤泡饭的身份,可上宴席,乃桌上主角也。

夏天日本人喜食水饭。将热饭用凉水浸凉后食用,有时个别人家还使用冰块。京都的日本人在山中建冰室,冬季将冰块存入室中,以备夏季使用。镰仓地区人则习惯于使用富士山的雪,为取冰雪给沿途的百姓带来许多麻烦。日本《今昔物语》中有这样的故事,食量超群的胖汉子三条朝成接受医生的劝告节食,只食水饭。由于饭量不断增加,为浸饭用的水井一个个地增加,这使医生愕然。

由于煎茶术的普及,茶泡饭在民间很快普及。茶泡饭首先由禅家僧人于镰仓末期(14世纪初)首创,江户时代在民间普及。由于茶价低廉,民间习惯用普通茶冲冷饭食之。热饭则用上等煎茶冲之食用,其味极美。但一般的家常茶泡饭使用前者。

将食物蒸过使其干燥后制成粉食用的方法,自弥生时代以来就已经存在。汉字称其为

"嗅"，日语称其为"干饭"。这种食品多用于旅行、军粮。今天只有日本河内的尼庵道明寺仍保留这种点心。传说河内的道明寺是干饭的原祖。

当米被制作成黏糕这种吃食时，似乎无形中就被赋予了丰富的文化内涵。在中国，将粮食蒸后捣制而成的食品为糍，而日本人口中则被称之为饼。"饼"这个名词，在中国人意象里是指小麦制品，而在日本却成为黏糕点心的总称。"饼"在日本是个大家族，原本是日本人供神用的一种卵形蛋糕。实际上，再往前追溯，它是火食以前的一种原始食法。

成粒的米粒蒸后捣成米粉，用米粒制成的食品为黏糕。将黏糕串成串的称蛋糕。黏糕往往受到食米民族的欢迎。近年来，由于黏糕一年四季都可以搞到手，许多日本人家新年不再捣黏糕。但是每逢新年、祭神、冠婚葬祭农村人仍要捣黏糕。日本关西地区喜欢制圆形黏糕，关东地区则喜欢制熨斗黏糕。小小的黏糕里，承载着日本人稀松平常的日子和生活情趣，几乎款款黏糕制品都颇具文化谈资。

谈资一：想拥有一口好牙齿吗？请吃"镜黏糕"吧！

在日本最家喻户晓的"镜黏糕"，它也是最具谈资的一款黏糕。古代日本人将镜视为神圣之物。所以正月的黏糕也要制成镜形，供神称为拜镜。除元旦的镜黏糕以外，还有保佑牙齿坚固的固齿黏糕。传说奈良兴福寺的英俊法印用三升或五升黏米经三次捣压，制成五块黏糕，可见这种黏糕比一般的黏糕大了许多。按照日本旧时的传统，婴儿生下 50 天、100 天的时候都要捣黏糕吃，为了婴儿将来能有一副好牙齿。正月里还要往婴儿的额头上贴一块黏糕，讨个吉利，俗称"戴黏糕"。

镜黏糕往往要捣成红、白两色的。如今使用添加剂，过去则使用红小豆、赤米。第二次世界大战期间，禁止进口印度米以后，制黏糕的赤米很难搞到，给人们带来许多不便。

谈资二：会给新人带来吉祥寓意的黏糕

按照日本的传统，结婚第三天要举行特定的仪式。平安时代，人们往往捣黏糕以示庆祝。战前老式人家在结婚仪式的第二天要举行"观房间"仪式。这时婆家必须端出黏糕点心款待新媳妇。战后，到外国度蜜月的新婚旅行之风大兴，所以这些传统风俗逐渐消失了。

谈资三：寒带地区的冻黏糕

冻黏糕是日本东北地区、长野地区等寒带地区的名产。过去关西地区的日本人经常食用其面山胜尾寺制的冻黏糕。黏糕制成后送入市中出售。由于这种黏糕较易保存，今天仍有一部分日本人喜欢食用冻黏糕。

其实，有关黏糕的话题说不尽，有关日本人食米的文化更是说上几天几夜也讲不完。笔者在这里，只为大家引个话由，接下来的谈资由读者自己去寻找吧。

## "田"字与日本稻作文化情结

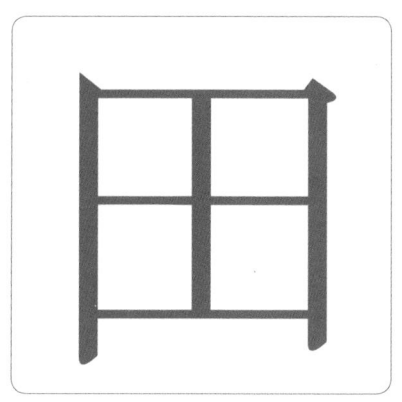

"田"和"畑"

日本和中国一样，同属于汉字文化圈。说到汉字，还真是一件美妙的事物。中国的老祖宗感悟着万物生灵，发挥着无尽的想象，将其创造出来。而后它们又伴随着中华文明的不断成长逐渐丰富、成熟。再其后，它们又随着人与人、国与国的往来川息，承载着诸多的文化信息，越过崇山峻岭，漂过浩瀚的海洋，来到另一个国度，在那里再度生根发芽。

本文中要说的"田"字，就是如上这样，其文字背后所承载着的正是中国农耕文化向日本社会的渗透、落地生根乃至再生的过程。所谓再生，自然是指"田"字落户日本之后所发生的故事。

"田"字，对于中国人而言，定不会陌生，正牌的"Made in China"，由我们的老祖宗创造发明，形象易懂。而当"田"及其背后所承载的文化在日本国土上真正站稳之后，日本人以"田"字为模板，又创造出了一个带着"火"字边的"畑"字来。看到这个"畑"字时，作为熟识汉字的中国人，定会不禁心生疑惑，为何好端端的"田"字旁边，还要硬生生地加一个"火"？

欲讲清此点，首先我们要了解两个概念，那就是何谓耕地？耕地又该如何分类？一般而言，我们会将种植稻米、小麦、蔬菜等土地称之为耕地。耕地分为水田和旱田两种。水田，在中国的古籍中是这样定义的："有水去处，皆可作水田……自犁地而浸种，而插秧，而薅草，而车戽。从夏讫秋，无一息得暇逸，而其收获亦倍。"（引自明·谢肇淛《五杂俎·地部一》）简而言之，水田就是围有田埂，用以蓄水种稻的耕地。相对而言，旱田则是指土地表面不蓄水，种植诸如小麦、玉米、棉花、花生、高粱等的田地。汉语中，"田"字可身负如上这二职，两者统统都可概括。而细腻的日语则将它们细化到了"田""畑"二字分而示之。这是出于何故呢？

你可能有所不知，汉语中的"田"字，在跋山涉水来到日本之初，其字义就被局限在了水田的范畴之内。这主要是因为最初日本人接受的农耕文化全部来自于以稻米水田为中心的中国华南、华中地区，故此"田"字背后所承载着的也仅仅是中国水田的耕作技术及其文化信息而已。换言之，"田"字落地日本之后，成为纯粹意义上南方型稻作文化的文字代表。而论及日本人自创的"畑"字，则是后来随着旱田技术的传入与普及，为区别于水田，日本人自造出来的一个字。其上绝对要打上"Made in Japan"的标签。

而有趣的是，"田"字在抵达朝鲜半岛之后的境遇却截然不同。朝鲜人用"田"字来专门指代旱田。他们自创出"畓"字来表示水田。同样受着中华文明的影响，日本和朝鲜半岛却在解读"田"字意思时，产生了如此差异。据说造成这一结果的原因，恰恰与日本相反，朝鲜半岛，特别是北部地区，自古就受到以旱田耕作为中心的中国华北地区文化的影响，所以也就造就了朝鲜人"'田'即为旱田"的意象。仔细想来，真是不可思议，小小的汉字背后却承载着如此丰富的故事。

言归正传，我们来看看"田"字落户日本之后，所引发的诸多现象吧。

**1. 日本的稻米耕作**

无论从生产、生活，还是从历史传统上去考察，日本都当之无愧地属于农耕文化圈❶。这个与游牧文化有着绝对区别的文化在世界范围内分布极广，而其中又以亚洲最为广博。在亚洲，稻作面积占到了全世界的稻田总面积的88%。在亚洲范围内，日本的稻米产量或许不能位居前列，但倘若扩大到世界范围，则其产量还是遥遥领先于众多国家。

谈及日本，许多外国人首先想到的便是它们的寿司、清酒。稍微有些常识，我们就会知道，这些东西无一不与稻米结缘。生活在日本，你就会发现，与稻米结缘的事情比比皆是。日本的时令小点"和果子"，节庆时家家都会做的"年糕""赤豆饭"，其原料全部取材于稻米。传统的和式料理，米饭是绝对的主角。在日式餐馆里，日本人认为没有米饭就等于这顿饭没吃。

平日里，日本人吃米十分挑剔，只吃日本米，对什么中国米、泰国米完全是不屑一顾的态度。在超市里，日本米的价格要比外国米贵上很多，大约是美国的5.6倍，泰国的9.5倍。即便如此，日本人仍旧只吃日本米。1公斤日本米在超市里卖800日元左右，相当于

---

❶ 农耕文化圈在世界的分布是十分广泛的，包含了亚洲、非洲和欧洲大陆等地，但是它又分为麦类栽培圈和稻作栽培圈。欧洲、中国北部和朝鲜半岛的北部从属于麦类文化圈，而中国南部、朝鲜半岛南部、日本、南亚和东南亚等地则从属于稻作文化圈。

50多元人民币，是日本一顿不错的中午套餐的价格。问及何故，日本人会淡淡地回答你："好吃！"不是出于什么政府的"保护主义"，也并不是缘于民众的爱国情结。仅仅是因为传统的口味造就的舌尖上的这一偏好，而已！而已！可以说，生活中的每一个细节，都在告诉我们日本是一个酷爱吃米的民族。

日本各县几乎都种植改良粳稻❶品种，种植范围最广的品种则是在日本家喻户晓的越光米。所谓越光米，它来源于日本新潟县。因为那里的土质呈弱碱性，且日照充足，昼夜温差大，同时又位于日本最长的河流信浓川的入海口处。可以说，越光米占足了天时、地利的优势，尽情享用着信浓川纯净的深雪融水的滋养，沐浴在充足的阳光之中，使其米粒颗颗饱满、胶质浓厚、色泽晶莹透亮，被日本人戏称为"白雪米"。这种米在食用前，未曾近品已闻其香，入口筋道，香甜适口，回味悠长，日本人说它是"不用配菜的米饭"。据说，这种米的营养价值也是颇高的，不仅蛋白质含量高，其中与人体健康有关的赖氨酸含量高达 0.32% 以上，总氨基酸达 8.97%。

其实，单就口感而言，日本米与中国东北大米相差无几，都是比较有黏性的单季稻。为了迎合日本人这一舌尖上的嗜好，多数农产品都要依靠进口的日本，却唯独稻米能做到自产自足。日本市场许多方面都还比较开放，可唯有大米市场一直采取比较封闭的政策，可谓是壁垒森严，比中国过去对汽车的保护还厉害，大米关税高达 490%。一直到 1993 年，在外国的强大压力下，才准许"有限量地进口"。年均销量中，大约有 90% 以上的稻米产于自家国门。而余下的那不到 10% 的进口份额，也都拿去酿酒和当饲料了。

就日本的稻米生产而言，一直受到政府高额农业津贴的资助。这个制度起初是由于"二战"后日本出现粮食短缺，政府实施"大米流通管制"，农民只能将收获的稻米通过全国性的"农协"组织销售给政府，政府再负责供给市民，这叫作"政府大米"，有点类似于中国的"统购统销制度"。但从 1969 年开始，管制松动，农民可以直接把稻米卖给商人，出现所谓"自主流通大米"，而从 1995 年开始，管制进一步松动，"农协"成为农民和批发商、零售商的主要中介，但这种渠道出售的大米仍叫作"计划外流通大米"。从 2001 年起，日本市场上的"政府大米"已经降到 50% 以下。政府的稻米生产高津贴也带来虚假市场信号，造成大米生产过剩，于是政府又用补贴的办法让农民休耕。

在日本传统中，稻米被视为文化的基石，它拥有悠久的稻米生产和消费历史，尽管日本稻米

---

❶ 粳稻（日本米）是稻的一个亚种，需要日照时间短，但生长期长，比较耐寒，米质黏性强，米粒短圆，蛋白质含量较高，口味好。

生产目前处于停滞状态，而且消费量正在下降，但是日本仍是世界第九大稻米生产国。230 万稻农中，大约有 85% 的人每年种植稻谷。农民的人均稻田面积也很小，大约 0.8 公顷，但是稻谷生产高度机械化。由于农场规模小，大部分农民将稻谷生产作为副业，而且稻谷生产在国民经济中的价值也很小，不过许多日本人还是认为，稻谷生产对保护日本的"文化"很有意义。

**2. 日本稻作文化一二谈**

追溯篇

话说稻作文化的起源，最早可追溯到绳文时代（公元前 1.2 万、1.3 万年至公元前 3 世纪）中晚期。根据王勇（2001）的研究，最迟在绳文晚期九州地区已经出现了水稻农耕。弥生文化的数千处遗址中所出土的粗陶上，屡屡发现稻谷的压痕以及碳化的稻谷颗粒，这意味着在当时日本的水稻农业已经出现。

其实，有关水稻传入日本的时间、路线问题学术界一直都存在着争议，日本学者也好，中国学者也罢，都在虔心进行着举证研究。其中，最普遍的一个认识是，日本稻作文化在绳文晚期或是弥生初期从中国大陆传入，最主要的路径是由长江、淮河流域，经从朝鲜半岛到达北九州。可以说，在亚洲范围内，日本稻作文化的产生与发展并不算很早。而就江南稻作文化传入日本的原因，日本学者渡部忠世（1998）❶ 解释说，它应该是源于公元前四五世纪中国南方的吴越纷争。当时江南的非汉族地区动荡不安，江南的稻作文化也就随着人们的迁徙来到了日本。于是乎，这个地处东亚、东南亚范围圈的岛国也出现了"漠漠水田飞白鹭，阴阴夏木啭黄鹂"的景象，久而久之也就孕育出了打着日本标签的稻作文化。

之所以这样讲，是源于日本的稻作文化有别于中国，丝毫没有受到游牧文化的影响。按照地域，中国的农耕文化分为北方黄河流域的麦类栽培圈和南方扬子江珠江流域的稻作栽培圈，同时，还受到了来自广阔游牧文化圈的影响。因此，从地域属性上讲，日本应属于纯粹意义上的稻作文化，它的衍生与发展被林林总总地网罗于时间与空间所编织的历史大网中。其中，我们能够看到日本的历史变革、社会的演进以及文明的成熟。

稻作文化的传入不只是水稻栽培方法的传入，以石器、青铜器为代表的其他文化也随之传入，并与日本的土著文化相结合，衍生出了弥生文化。在弥生时代，水田耕作的面积较小，机械耕作自不用讲，牛马耕田尚属天方夜谭之事。从管理到耕作，一切的一切都要依靠人力完成。为了引水灌溉需要众人挖掘沟渠，引水入田。如此一来，昔日以采集、狩猎为主的生活方式发生了重大变革，整个社会都在自觉或不自觉地向农耕社会演进。人们

---

❶ 渡部忠世. 亚洲里的日本稻作文化 [M]. 东京：小学馆. 1998.

从山林、海滩向低洼地移动，很多人集居在一起，形成了村落。其间，铁器逐步被应用到了农业生产中，客观上极大地推动了生产力的发展，也使得小的村落逐步扩大成为大的村落，村落首领由此诞生。他们掌握众多稻田，统一安排稻田耕作，水利、灌溉技术进一步得以提高，农作规模也不断扩大。而正是由于与稻作的紧密联系，村落的首领成了统领部落人精神世界的权威。换言之，自水稻传入日本之初，它就统治着日本人的精神世界。日本学者、諏访春雄曾这样说过："日本人感到米具有魔力……米即权威，权威即信仰。"❶

而后，历史的洪流推动着日本选择了以中国为蓝本，创建一个古代律令制国家。其间，为了渲染"君王"的神圣性，特别地将位于这个律令制塔尖的天皇与水稻种植紧密地联系在了一起。"记纪文学"❷中说，稻种是从高天原的天照大神传下来的，而天皇是继承了掌管稻作祭祀的最高神灵。由此，我们可知，天皇的神圣性正在于他与稻种的这种关系。

这一关系从古至今，始终被细心地保留着、继承着。倘若对日本的媒体稍加留意，便会发现这样一个有趣的现象：每年 5 月和 9 月的某一天，在报纸的某个角落，或是电视媒体上，都会平淡地报道一件事，那就是天皇在皇宫的水稻田里种植与收割的事情。之所以说它给人以平淡的印象，的确因为媒体的报道太不动声色。这主要是缘于这一现象真的已经成为一种常态，对于日本人来说，早就习以为常。而皇室的这一行为，如果追根溯源的话，应该和日本历史上所渲染的稻作与天皇的渊源不无关系。

而这并非是一个国家性行为，只是皇室自发的一个家庭习惯。要说真的算得上是重大国家性礼仪的，莫过于一年一度的"新尝祭"。其实，就是每年 11 月 23 日举行的"劳动感谢日"。仪式上天皇要将秋天收割的新谷，供奉给天地神祇，祈求稻灵永续，祈愿稻种不断新生。这一礼仪自律令制真正根植于日本之时就已有之，直至今日，天皇俨然就是握有稻作祭祀权的最高祭司，是稻米文化的象征。

自平安时代后期直至镰仓初期，日本的稻作又有了进一步的发展与扩大。在日本历史上，将这一时期称为"大开垦时代"。那个时期，稻田大都集中在山脚下的平坦之地或是靠近河流之地，因为这些地区可以提供较为丰富的水源。

进入中世镰仓幕府成立至安土桃山时代结束（1185—1603）、近世江户时代（1603—1867）之后的日本社会，依旧保持着古代律令制国家稻米至上的观念，进一步形成了"圣洁的稻米"与"肮脏的肉食"这一价值观念。而且这一观念普遍渗透到了社会各个方面。

---

❶ 諏访春雄. 亚洲稻作文化与日本［M］. 东京：雄山阁出版株式会社，1997.
❷ "记纪文学"指 8 世纪时敕命撰写的两部史书，即《日本书纪》和《古事记》。《日本书纪》是日本流传至今最早的正史，六国史之首，原名《日本纪》。《古事记》采用编年体，共三十卷，另有系谱一卷。

特别是近世，将其推向了最高潮，人们重视稻米、轻视肉食的偏好越来越严重。

在近世幕藩体制❶下，为引水灌溉，开发新田，进行了具有一定危险性的截流筑堤工程。同时随着水稻的施肥、除草、水管理、病虫防治等方面技术的逐步提高，水稻产量不断增加。然而，由于社会生产力所限，当时百姓餐桌上仍旧是以杂粮为主，能吃上一顿稻米并非易事。整个近世基本上还是处于从农民手中夺取稻米的时代。

在当时，大米的生产与流通成了日本经济活动的根本，形成了米本位经济。大米不仅是一种食物，它还起着货币的作用，是衡量货物价值的标准。大米的匮乏就意味着购买其他东西的货币的不足。江户时代，就连大名级别的领主也是用大米来计算俸禄的。全国的大米都集中到大阪，上缴的米的售价高低决定了各藩武士的生计。❷可以说，这是在世界史上独有的社会体制。同时，这也就使全社会赋予了稻米极高的经济价值。也正因如此，日本的稻作文化波及社会的方方面面，成了统领人们思想的主旋律。

信仰篇

稻荷神的狐使雕像

---

❶ 幕藩体制，指17世纪德川家康建立了由幕府和藩国共同统治的封建制度。在幕藩体制下，将军是日本的最高统治者，幕府是国家的最高政权机关。幕府统治全国各地的藩国。各藩的统治者是大名，效忠于幕府，幕府对他们实行交替参觐制度。大名仍拥有很大的独立性，他们在自己的领地上拥有行政、司法、军事和税收等权力。

❷ 白幡洋三郎.日本文化99题［M］.蔡郭达.译.上海：上海译文出版社，2007：252.

京都伏见稻荷神社正门

神社境内的"千本鸟居"

这尊稻荷神的狐使者雕像就是这一思想最好的浓缩体现。稻荷神是日本神话中主掌谷物、食物之神。日本从中世开始就将狐狸视为稻荷神的使者。全国三万余座稻荷神社，无一例外地供奉着这位狐狸使者。走在其间，身为一个外国游客，你也会不由自主地相信，那狐狸就是介于人和神之间的使者。

论及这位狐狸使者与稻荷神之间的关系，据说是源于一个日文谐音。作为稻荷神之一的仓稻魂命，有个别名叫作"御馔津神"，日文读作「みけつのかみ」，而狐狸的古名就是「けつ」，按照这个谐音解释下来，便演变成了"三狐狸神"。另者，就狐狸的习性而言，田间的野鼠是它最主要的食物来源。有调查显示，在狐狸的食物中，野鼠占到了69%，而余下的则由野兔（占20%）、植物果实（占10%），还有一些昆虫来填补。因此，狐狸自古就受到农民的尊崇，当之无愧地担当了人和神之间使者的职责。

在稻荷神社，油豆腐是那里的经典供品。因为民间传说，油豆腐是狐狸们的大爱，可与野鼠的美味相媲美。由此，日本民间也派生出了一种叫作"稻荷寿司"的吃食，酸酸甜甜的寿司饭用煮好的油豆皮包裹着，味道很是别致。而之所以取名为"稻荷寿司"，正是与如上所说的稻荷信仰有关，以稻荷为名，取其丰收之意。与此同时，人们还相信吃了"稻荷寿司"便会交上好运。如此之丰富的吉祥寓意，自然也就让这一吃食不胫而走了。

进入中世，随着工商业的逐渐发达，主管丰产的稻荷神，也开始象征财富，被当作祈求商业繁盛的神明来信奉。稻荷神社目前已是日本数量最多的神社，甚至一些私人的公馆里也有设置。而在众多稻荷神社之中，当数京都的伏见稻荷大社最为有名，堪称全日本稻荷神社的大本营。鉴于信仰的力量，每年新年来此参拜的人数高达200多万人次。其中最吸引人的风景，除了有可爱的狐狸雕像之外，还有就是最具特色的千本鸟居。

鸟居是日本神社建筑物。主要用以区分神域与人类所居住的世俗界，算是一种结界❶，代表神域的入口，可以将它视为一种"门"。稻荷神社的鸟居颜色是统一的红色。在日本，有这样一个有趣的现象，倘若某个企业祈神护佑后，果真业绩飙升，便会向神社敬献一座鸟居以作还愿。也由此稻荷神社的鸟居和其他神社的不同，经常在门前排了一列又一列，大小参差不齐。而最壮观的则是伏见稻荷大社，近万座的鸟居分成几排，从山脚一直排列到山顶，绵延数公里，那气势甚是惊人。据说全部走完需要花上三个半小时的时间。

---

❶ 结界一词，来源于佛经。依作法而区划一定之地域。

民俗篇

在日本有一个重要的节日，叫"八十八夜"。这个节日是从立春开始算起第八十八天，差不多介于五月二日至五月五日之间。"八十八"和汉字"米"相通，两个"八"寓意着吉利、繁荣，因此自古以来，地头上的农民便把这一天当作进行农耕的基准，认定了是插秧、播种的重要时期，并会摆上供品，祭祀田神，祈求庄稼丰收。他们相信正是受惠于田神的眷顾，才能风调雨顺，水稻才能得以茁壮成长，获得丰收，囤满仓圆。

从某种程度上讲，"稻米文化圈"与"筷子文化圈""汉字文化圈""儒教文化圈"是重合在一起的。这是由客观地理所决定的结果。应该说，日本的稻米文化形成于东南亚、东亚世界中，温暖多湿的自然环境，客观上促成了这一文化的成长。但与此同时，它也形成了自己独特的传统。执着于稻米，钟情于稻米，视其为圣洁之物的同时，产生出了排斥肉食的思想。在日本的稻作社会中，很少或者说从未使用过养殖的家猪，看不到对动物乳制品的利用，取而代之的是鱼虾当道，以此来作为提供日常营养的补给品。细细想来，还真是个很奇特的现象。近代的日本，一直在说要"脱亚入欧"，虽然从器物上能够办得到，但在文化上终究很难跳出这个"稻米文化圈"。因为它是客观地理规制下的产物，是历史创造出的事物，其间有着文化的深深沉淀。

# "冷飕飕"的寿司，"热乎乎"的文化

江户后期，歌川广重❶作

---

❶ 歌川广重（1797—1858）江户时代浮世绘画师，本名安藤铁藏。其代表作有《东海道五十三次》《六十余州名所图绘》《江户名所百景》。其画作曾影响过如凡·高、莫奈等一代画家。

稻荷寿司

散寿司

箱寿司

　　望着这幅精美的浮世绘，大家一定猜得出接下来要讲的主题吧。其实，在稻米主导日餐天下的格局里，最应该提到的就是寿司。在日本，说到寿司，你既可以在高级餐馆里享用到它，也可以在妈妈的便当里见到它的踪迹。当然，如今风靡于世的回转寿司店，更是为那些"囊中羞涩"且又没有做饭天赋的饕客们提供了解馋管饱的好去处。

　　而论及价格和种类，日本寿司也是参差不齐，门类繁多。有出自美食之都大阪的传统"箱寿司"❶，也有最随意的"散寿司"，最常出现在家庭餐桌上的"五目寿司"，以及源自稻荷信仰的"稻荷寿司"（也叫作"狐寿司"），还有由歌舞伎著名剧目《助六》派生出的"助六寿司"❷。

---

❶ 箱寿司，属于按压寿司，将青花鱼、鲑鱼、鲷鱼、三文鱼的鱼块放在米饭上，施加压力后促其发酵。
❷ 助六寿司，是"稻荷寿司"与"卷寿司"的混搭。因为"稻荷寿司"里的主材"油揚げ"（油炸豆腐）的"揚げ"与"巻き寿司"（卷寿司）的"巻き"，恰巧组合成了《助六》里花魁一角的名字"揚巻"而得名。

《助六所缘江户樱》（歌舞伎剧目）中为花川户助六、左为三浦屋扬卷、右为髯之意休

而歌川广重笔下所勾绘出的，则是如今最广博，也是作为外国人的我们最常品鉴到的握寿司和卷寿司。它们在江户时代有一个统称，叫作"江户前寿司"。但无论哪一种，对于吃惯了热食的中国人而言，寿司总是"冷飕飕"的。初尝寿司时，对此很是不解，而得知其"家世背景"之后，就再没有了任何微词。

看过五花八门的寿司之后，给个最简洁版的总结吧。一言以概之，寿司就是鱼加上米经盐调味后发酵，以保存食物为目的的以鱼为主料的食品。日本人说，寿司与咸鱼肉是兄弟关系。只用盐调味的鱼，会产生氨基酸，放入米饭中，便能引起乳酸发酵。前者是咸鱼肉，后者就成了寿司。

其实，寿司这种吃食并非日本独有。凡是处于季风性气候覆盖的稻作文化区域（东南亚、东亚），都曾流行过熟寿司和鱼酱特有的美味文化。应该这样讲，寿司的出现与传播，与水稻种植技术的出现和传入有很大关系。而将稻米视作神圣之物的日本，并不是一下子就接受了将鱼和米配在一起食用的吃法，也经历了一段时间的磨合。比如最古老的鲫鱼寿司就充分表明，曾经的寿司是以鱼为中心的。当鱼和米之间的关系发生逆转之后，寿司的历史才就此展开。

其因曾被当作宫廷贡品，而被写作"寿司"二字，不过，这也仅限于京都一带。在江户则通常被写成"鮨"，大坂❶写作"鮓"。在《延喜式》❷中，曾出现"年魚鮓""阿米魚鮓"等字。论及语源，据说是源自"酸し"（取自酸味）一词。而这一"酸味"是源自米饭发酵之后的味道。

说到寿司饭的发酵，江户前寿司可谓是不同以往。它改变了以往的米饭发酵技术，发明了米中加醋的便捷方法，大大缩短了乳酸发酵的时间。

而所谓"江户前"是指东京湾一带，那里的海鱼资源十分丰富。所以，"江户前寿司"顾名思义就是以新鲜海鱼为料的新式寿司吃法。从某种意义上讲，这也算是对以往传统熟寿司的另一大革新举措。

据说当时东京湾一带的金枪鱼繁多，正是应了"物以少者为贵，多者为贱"的道理，当时的金枪鱼绝不算什么名贵货，由此也就很自然地使其成了握寿司绝对的座上宾。而如今这位"座上宾"的身价已绝非往昔了。换言之，这种以鲜鱼为料，配着米饭食用的吃食，是最具江户气质的乡土菜肴，极好地迎合了"江户子"（对地道东京人的说法）喜食生鱼片的习惯。

然而，论及"江户前寿司"的历史并没有那么久远，至少没有寿司家族里其他谱系来得悠久绵长。据说那握寿司，被传是"妖术上身握制而成的寿司"[《柳多留》❸（1827年作句、1829年刊）]。而这位被传妖术上身的人，就是"握寿司"的创始人、堺屋松五郎 [引自《嬉游笑览》（1830年刊）]。据说他握出的寿司被誉为江户最奢侈的寿司。著名的浮世绘画师、歌川国芳就曾将他握出的"松之鮨"（最高端的握寿司）捕捉进画纸上（见下页图）

「文化（1804—1817）のはじめ頃、深川六軒ぼりに、松がすしが出来て、世上すしの風一変し」（中译：文化伊始，松之鮨起于深川六轩一带，遂世风为之一变。）

引自《嬉游笑览》[ 喜多村信节著，文政十三年（1830）]

---

❶ "坂"与"阪"虽为异体字，但意思均指丘陵、略高的土山。江户时代以前均称作"大坂"，江户中期，与"大阪"并用。1868年明治维新之后，新政府将原来的大坂三乡设立为大阪府，由此改称为"大阪"。
❷ 《延喜式》是平安时代中期 [ 延喜五年（905）] 由醍醐天皇命令藤原时平等人编纂的一套律令条文。
❸ 《柳多留》江户中期至幕末，每年发行一刊的川柳句集。全名《诽风柳多留》。

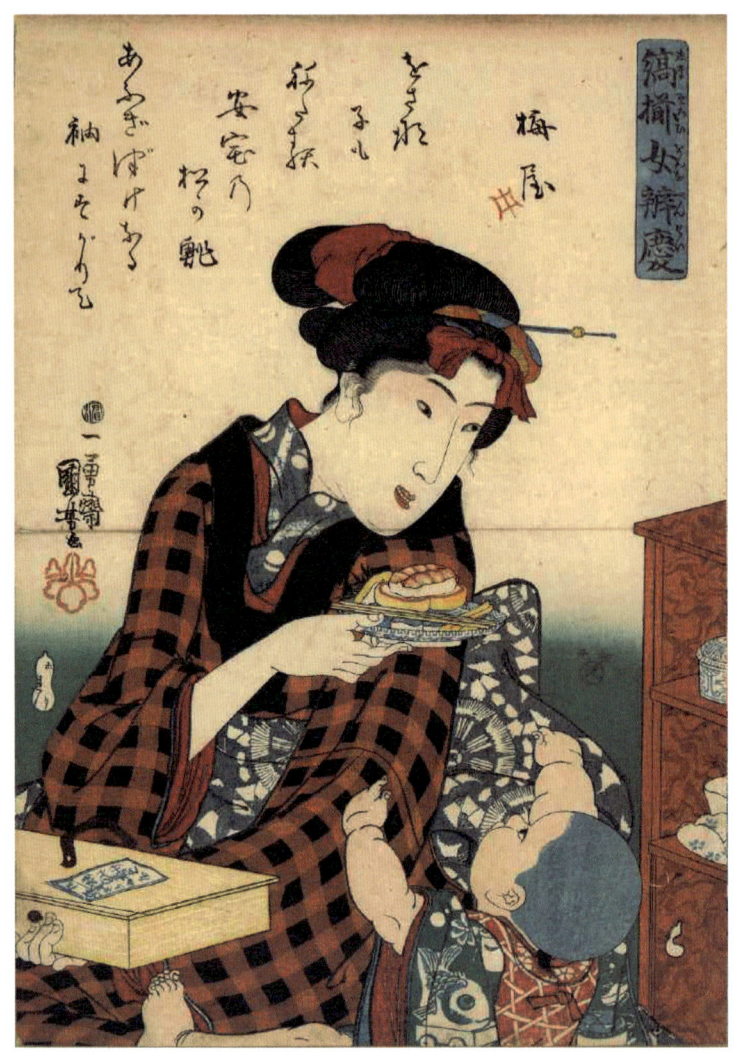

歌川国芳绘《穿格子和服的女辨庆》系列（将"松之鮨"绘入画中）

这段文字告诉我们，江户时代的文化年间，便有了"松之鮨"这种握寿司。而文中所说的「一变」，后人解读，这是对以往熟寿司的一大变革之举。还有人解读，说是它卖出了史无前例的高价寿司，同时还引来了城中所有寿司店的追捧。

不过，很快的，这种带着浓浓江户味道的握寿司便走起了亲民路线——以路边摊形式出售，灵活机动不说，价格也远比那些固定店铺里的寿司来得便宜。《守贞漫稿》❶中曾这样

---

❶ 守贞漫稿，也称作守贞谩稿。是记录江户时代市井风情的一本百科全书。作者为喜田川守贞。自1837年起稿，耗时30年之久，共计35卷。书中有1600处都附有图片和详细解说。是一部考证近世风俗史最基本的文献。

记录过"握寿司"。

「握り寿司が誕生すると、たちまち江戸っ子にもてはやされて市中にあふれ、江戸のみならず文政の末には上方❶にも江戸鮓を売る店ができた。」（中译：自手握寿司诞生之日，即被江户子们所爱，且风靡于市。遂不止于江户一地，文政末年，近畿一带亦出现售卖"江户寿司"之店铺。）

随后再加之，天保年间（1831—1845）幕府政府特别推出的"禁奢令"做以催化，此风一刮，200 余家寿司店关门大吉。故此，"江户前寿司"的普及速度比哪一系都快，迅速地进驻到了名古屋，随后波及全国。而这股起自江户城里的饮食风，也刮进了一直以来以"箱寿司"为主流的大阪。据 1892 年统计，有近半数的寿司店改做了"握寿司"生意。不过，当初的握寿司做得宛如饭团子那么大，而论其餐饮地位，并非正餐，实属点心一系。

明治时代（1897—1906），随着制冰、保鲜技术的进步，江户前握寿司的种类不断增多，其个头也渐渐缩至如今的水平。特别是 1923 年关东大地震后，由于东京的寿司匠人分散到了全国各地，也使得江户前寿司开始在全国普及开来。而 20 世纪 70 年代，在美国西海岸也掀起了一股"寿司热"，随即便刮遍了全球，满足了全球饕客们的口欲。

问几个小问题，看你了解寿司多少。你在吃寿司时，你会选用什么工具？筷子，对吧！因为现代人吃寿司都这么吃，对吧？因为这样吃最干净卫生，对吧？可笔者要说，真正传统的吃法是用手拿着食用。

现在最流行，也是最高效的吃寿司方法是去回转寿司店里，按着你吃的碟子最后算账。而最正规传统的，则是去日式小馆，寿司师傅当场"献艺"，你点什么，他为你做什么。绝对的"高端私人订制"服务。而这时的计算方式则由"碟"改为了"贯"，一贯为一个。据说"贯"意味着寿司的重量，但为何用"贯"字来计数寿司，尚不清楚。

而说到回转寿司店的风靡，要追溯至昭和时代。天生就有着经济头脑的大阪商人们，想出了廉价且高效的吃寿司方法，开了第一家"回转元禄寿司"（1958）。而后的 20 年里，便开始不断地开枝散叶，不断地迎合着高效率的城市发展，成为独具日本特色的日式快餐。

而说到日本寿司走出国门，风靡全球，还要从 20 世纪初说起。其实，寿司店在海外的落脚，要远远晚于其他的日系餐食❷。直至 20 世纪 30 年代，在洛杉矶的 Little Tokyo❸ 还

---

❶ 上方，江户时代对大阪、京都等畿内地区的称呼。广义讲，指近畿一带。
❷ 第一家日餐馆是 1887 年落户于美国圣弗朗西斯科的，名为"大和屋"。1893 年在位于洛杉矶的 Little Tokyo，以一家名为"见晴亭"的日本料理店开张为契机，随后的 1903 年，开了荞麦店，1905 年开了天妇罗店，1906 年开了寿司店。
❸ Little Tokyo（小东京）位于美国加州洛杉矶市区，是美国的三个正式的日本街之一，另外两个也都位于加州，分别在旧金山和圣荷西。它形成于 20 世纪初，是南加州日本裔美国人的文化中心。

仅有一家寿司店。1962年，日本一家名为"川福"的老字号开辟了一隅，设立了个"sushi bar"，随后"荣菊""东京会馆"也都纷纷效仿。就这样，寿司渐渐地融进了西方社会，并在20世纪70年代掀起了一股"寿司热"。而最初的"sushi bar"也成了欧美人对寿司店的统称。

"寿司热"的兴起还是缘于它带给了人们低脂、健康的最初印象。而海外军团的饕客们，在享受着"独一无二专属寿司"的点餐乐趣的同时，也无形中大大丰富了寿司的品种。据《寿司技术教科书》介绍，当时新开发出的寿司食材足有百余种。似乎寿司店里，几乎是所有能入口的食材都可做成寿司。而从匠人的角度，为了更好地迎合个性化十足的饕客们的需求，与握寿司相比，有着更多发挥空间的卷寿司成了海外寿司界的新宠。

随着这股"寿司热"的不断升温，被寿司文化深深吸引着的精明的犹太人，开始高薪聘请寿司匠人，经营起了寿司店。寿司也成为好莱坞明星大腕们的夜夜谈资。似乎能成为寿司店里的常客，或被冠以"寿司通"的美誉，则成为一种社会地位的象征。

于是，借着美国的推波助澜，寿司文化开始传播至全世界。1983年，位于纽约的一家名为"初花"的寿司店，被《The New York Times》评为了四星级餐厅。由此，世人更是对寿司店另眼相瞧，将其与曾经得此殊荣的法国料理同等对待。

而就不完全统计，全球的寿司店，仅不足十成是由日本人主营操刀。传统的寿司技法也在慢慢地被"改良"着。比如就出现了不加寿司醋，直接与鱼肉配食的做法。这似乎动摇了寿司的最根本理念。对此，日本农林水产省面向海外日餐店，提出了「正しい日本食を理解してもらうための日本食の評価」（中译：让世界正确了解日餐的日本饮食标准）的门槛。面对日本的反应，美国的《The Washington Post》（2006年12月24日报道）戏称日本农林水产省为"Sushi Police"。

如今的寿司，已然成了一种文化象征。而关起门来，在日本自家国门内，小小的寿司也是大有名堂。根据2002—2011年日本"家计调查"，单就地域而言，就可分为喜爱外食寿司的东日本人，和习惯将寿司摆进便当盒里的关西人。而就寿司的做法、味道而论，又可分为以东京为代表的握寿司文化，以及以大阪为中心的箱寿司文化。

话已至此，还想为箱寿司再多说两句。"箱寿司"与"握寿司"一样都是不经发酵的寿司，都是随着17世纪之后，醋的日渐普及才创出的寿司新吃。箱寿司属于按压寿司（Oshizushi）的一种，是把用醋和糖调过味的米饭（即寿司饭）与事先调理好的菜肴等一起放入模具里压紧而成。

烹制箱寿司，首先在模具里装入约半箱寿司饭，排上煮成咸甜味并切薄的香菇以及烤

按压寿司的模具

过的紫菜片。接着,在其上面再盖上寿司饭,以及用盐搓揉过的鲷鱼、烧烤过的海鳗等,并盖上盖子,用力压紧。然后,松开模具,取出寿司并切成规则形状,把如此做成的四个种类的模压寿司,整齐地放入餐盒,即成箱寿司。

当然,箱寿司与握寿司在味道上是有很大不同的。握寿司是一块一块蘸着酱油吃,鱼虾类保持着其新鲜的口味,而箱寿司,其寿司饭和肴料均经过调味,吃的时候不蘸任何味汁,肴料与寿司饭融合成一种独特的风味,这就是箱寿司的特征所在。用日本人的话说:"握寿司属买了当场吃的快餐,而箱寿司则是买了带回家吃的。"箱寿司可以保存一定的时间,据说在烹制后 24 小时以内吃则味道最佳。

箱寿司

有人用四个字来概括日本菜的特点,即清、新、淡、雅。而寿司则是这四点最好的呈现。

一说"清"。所谓"清"就是干净之意。日本料理制作过程,对卫生的要求近乎苛刻,绝对可以做到"入口放心"。然而,在日餐中,最让人放心不下的就是握寿司了。它的制作过程需要手与餐食的直接接触,再加之极易腐败的生鱼片,再仔细地卫生处理,也难免细菌的进入。所以,握寿司一般都是即做即吃的,而且,最好也是最传统的做法就是厨师当场制作。其实,人们的担心是在所难免的,但是,事实上在日本还从未发生过一起因寿司食品安全问题而导致的事件。而在最先掀起"寿司热"的欧美人眼中,日本寿司匠人是最洁净的,即便是非专业寿司厨师也不会发生食物中毒的事件。

柿子叶寿司

和牛寿司

二说"新"。所谓"新"就是新鲜。日本人喜欢将食物生吃,不仅生吃各种蔬菜和各种植物,而且生吃鸡蛋,生吃鱼,生吃肉。按照现代医学的观点,新鲜有助于卫生,时鲜则有助于健康。因为,"时鲜"之际,生长激素最旺盛,营养价值当然最高。日本人很久以前就已认识到这一点,在《万叶集》中屡屡可见的食用"时令"物的叙述,无疑就是一种证明。抛开最传统的大阪寿司一系,我们还是以握寿司为例。从握寿司诞生之初,就很好地迎合了日本人喜食生鱼片的口味之好。其实,如今很多人吃握寿司,更多的是冲着醋饭上面的生鱼片去的。

三说"淡"。顾名思义,"淡"就是味道清淡以及低温。寿司是名副其实的清淡冷食,不冷无法定型,不冷也就丢掉了寿司最原始的文化本质。依据科学研究,清淡又冷的食品不会对人的味觉有很大刺激,并且对胃黏膜也不会有任何破坏。日本料理就是遵循了这个淡的原则,让人品尝起来淡香悠悠,回味无穷,嘴里可以长时间保持香味。

四说"雅"。就是日本料理所追求的别致情调。细细回忆,寿司不正是如此吗?暂且以箱寿司为例,一打开餐盒盖,摆放整齐的寿司像是丝绸织物一般,色彩鲜丽,让人惊叹不已。淡粉红色的犁齿鲷鱼、茶褐色的海鳗、朱红色的虾、黄色的煎鸡蛋,还有白色透明的鲷鱼肉与深棕色的木耳。用食性各异的材料组合成多种纹理的箱寿司宛如一件精美的艺术品。而以就餐地而言,寿司店无须很大,但一定要安静、雅致,散发着浓浓的日本风。盛餐食的器皿也要与餐食本身相得益彰,丝毫没有喧宾夺主之气势,只是锦上添花。而就餐食的摆放也是极讲究的,望之,是一种艺术享受。先养了眼,再解饥肠辘辘之事。

## "心系一处"的寿司之神

在查阅资料时,无意中,在网页上看到这样一组记录企业生存时间的数据,令人讶异,也不禁令人深思。

大致的数据是这样的:

(1)世界1000强企业的平均寿命是30年,全球500强企业寿命约为40年;

(2)在日本,1000年以上的企业有7家,500年以上的企业有32家,200年以上的企业有3146家,100年以上的企业有50000家以上。这些百年老店之中,有89.4%的企业是员工人数不超过300人的中小型企业。

你如何看待这样一组数据?于笔者,除了惊叹还是惊叹。这让人不得不把目光投向那个毗邻于我们的国家——日本。

日本是一个造神的国家，供奉于神社里的诸神姑且不谈，仅在笔者有限的知识里，就听到过诸如"经营之神""销售之神""赚钱之神""企业之神""学问之神""漫画之神"等各种有关"神"的说法。

小野二郎，现年 94 岁（1925 年生），他是 David Gelb 拍摄的纪录片《寿司之神》中的主人公，全球最年长的米其林三星大厨，堪称"寿司第一人"。基于笔者之前对"日本诸神"的理解，当笔者第一次看到《寿司之神》这个片名时，一下子便猜出了这个故事的梗概。但尽管如此，笔者还是抱着极大的兴趣，以学习的心态认真看完了此片。

镜头中小野二郎展露出他对于美食的执念与气节，一种关于寿司的"道"悄然呈现于观者的眼中。这种"道"，似乎也渗透在日本的美食精髓中，无论是烹调本帮食物，还是外来菜肴。

这让笔者了解了寿司之神的经营秘诀、成长历程等，也让笔者更深刻地认识到了日本小企业的生命力所在。

小野二郎是世界寿司专家，已年过八十，超过半个世纪，他每日都在孜孜不倦地握寿司（日本寿司大体上分为"握寿司"和"箱寿司"两种）。这正是应了他自己常说的那句话："职人之道就是每天重复同一件事。"

他做的寿司并不像我们素常看到的寿司图片那样花花绿绿、各式各样，他的寿司看起来极为简单——一小团米饭、一块鱼，放在一起。小野二郎的店铺所在位置并不显眼，可食物的起价却高达三万日元，而且这里的寿司并不复杂，体现着"极简的纯粹"。要在他的店里就餐，客人需要提前一个月订下餐位。

从食材、制作到入口瞬间，每个步骤小野二郎都经过缜密计算。"数寄屋桥次郎"这间隐身东京办公大楼地下室的小店面，曾连续两年荣获米其林三颗星最高评价，被誉为值得花一辈子排队等待的餐馆，饕客络绎不绝，叹为观止！

在惊讶之余，很多人都会好奇他是怎么做到的。他的话，以及他的弟子们的话，都给人很大启发。

他说："一旦你决定好职业，你必须全心投入工作之中，你必须爱自己的工作，千万不要有怨言，你必须穷尽一生磨炼技能，这就是成功的秘诀，也是让人家敬重的关键。"

他说："每次上菜我都要试吃，不好吃就不能上桌，一定要比上次更美味才行。我们的鲔鱼供应商只卖鲔鱼，虾供应商只卖虾，各供货商都是各自领域的专家，我们是寿司专家。为了做美食，你必须吃美食。没有好的味觉，就不能做出好的食物。如果你的味觉比食客差，又怎能打动他们？"

全书之中，唯有此篇文章最不费心力。这是拜小野二郎先生所赐。可以说，他字字珠玑，讲出寿司之"道"，和食之"魂"，以及做人做事的道理，还有完美寿司背后，绝不妥协的信念和态度。小野二郎带给饕客的，不仅是口腹上的满足，更是心灵上的撼动。

山本弘[1]这样评价过这位寿司之神："他是我所见的非常严于律己的厨师，他总是对自己不满意，总是想把寿司做得更好。伟大的厨师都有以下五个特质：①认真；②专注提高技能；③爱干净，这是食物美味的大前提；④求好心切；⑤对工作热情。这些他都具备。"

专注、细致、认真、反复、坚持，这些话说着简单，用心体会，做到就不简单了。米其林指南诞生于1900年，它最注重的是品质，其次是创意，最后是品质的一致性，二郎寿司很轻易便满足了这些标准。虽然二郎寿司餐厅的座位只有10个，在一个地下室，甚至厕所都在室外，但是它仍被米其林授予三星标准。在解释授予这个星级标准时，米其林调查员的观点是：不管吃过多少次，二郎寿司总是令人惊叹，因为在那里从来没有让人失望过。这就是日本小企业的生命力所在，也是我们应该反思的地方，做企业是不是一定要追求"做大"、追求"做强"呢？什么是"大"，什么是"强"呢？

---

[1] 山本弘，(1956—)，日本科幻作家。

# "和果子"里的风情
## ——追求无尽的视觉之美

近江八景之《坚田的落雁》(歌川广重作品)

落雁(神社的供品)

一幅歌川广重的《坚田的落雁》，你会联想到什么？若是日本人的话，一定会回说："落雁。"

"七月七日长生殿，夜半无人私语时"，你又会想到什么？白居易的《长恨歌》，唐玄宗与杨贵妃，想必这是大多数中国人给出的答案。然而，日本人会说："和果子呀。"

人人都说，日本饮食讲究"艺术性"和"优雅感"。这不，单从和果子的起名来看，就极具文艺色彩。取自自然，取自景物，取自文学，取自画作……落雁、长生殿、越之雪、山川、源氏卷、松露馒头、牡丹饼、红梅烧、桃山、时雨……一并说的都是和果子。

独具艺术气息的和果子，会让你觉得那甜滋滋的味道里，有着无尽的风雅之情。于是，饕客们十有八九都会说，"咀嚼的不再是解馋的吃食，而是沉甸甸的文化"。

"和果子"这一说法，起于明治之后，是相对于当时从欧洲传来的"洋果子"一词而生。据说"二战"结束之后，才正式被收录到《国语辞典》中。

那么，明治之前的日本人是如何称呼"和果子"的呢？答案简单得很，去掉"和"字，直接唤作"果子"。据说自古日本人就把果树上的果实以及坚果类的东西统统称作"果物"。当汉字传入之后，又逐渐给它们添上了汉字名称——"果子"。"果子"一词由此而生，但意思范围远比今日的要广泛。

奈良、平安时代，由于中国谷物加工食品的技术不断传入，一种被日本人唤作"唐果子"的吃食日渐进入到人们的味蕾世界。于是，为了便于区分，便给水果冠上了"水果子"的称呼，而"果子"一词则专指谷物加工成的食品。

想当年，随着遣唐使们一起渡来的唐果子以及室町时代传教士们所带来的南蛮果子，如今都很巧妙地融进了和果子的世界。

日本和果子虽然样式很多，但就味道而言，并无太大出入，一个字便可概括：甜。甜的主因是源于它是茶道"苦涩味的好搭档"。它的勃兴与茶道在日本的发展息息相关。特别是室町时代至安土桃山时代的这段时间，在佛教的深深影响下，奠定了日本点心以素材为主的方向。比如源自中国的羊羹，被禅僧们改为了以小豆为主材的素食。砂糖、水饴、米、小麦、小豆等成了和果子里常见的主料。

既可平复茶之苦涩，又可为茶室平添一份风雅之气。话说伴着茶道的发展步伐日渐成熟的和果子，在京都的发展最好。即便是今日，"京果子"也是和果子家族里数一数二的精品代表。曾经，京都的和果子分为两类，一类是专为宫中贵族、寺庙神社、茶会提供的和果子，被称为"上果子"。而制作这种高级果子的匠人则被称为"果子匠"或是"御果子司"。还有一类是面向普通大众制作的团子、饼果子的平民小店。

话说江户时代，但凡大城市里经营和果子的店主都要被封个"掾国"的官职才算合法。据说这是因为当时的果子商人都归属于京都中御门家❶麾下。每隔一年，京都本家都会派人去往设立于浅草新堀端、松平西福寺内的办公地，考察江户城中未被授予官名，打着"某某屋某某兵卫"名号的果子店。然后一纸通文，将这些尚未获得经营许可权的店主们叫到衙门里，给他们普个法，分析一下被授予"掾国"这一官名的利害轻重，再根据各家愿望授予"掾国名"。说起这官儿的大小，不算大，但也绝不算小，正七位，相当于我们所说的七品官衔，略低于县长级别，民间戏称他们为"饼屋官"。

　　按照水分含量，和果子可分为干果子（20%以下）、生果子（40%以上）、半生果子（10%～40%）三大类。一般而言，淡茶席上要摆上干果子，而浓茶席则要配合着生果子来吃。

　　比如刚刚提到的"落雁""越之雪""长生殿""山川"，它们都属干果子一系。这种类似于中国南方的云片糕、北方的绿豆糕一类的点心，据说其源头是中国明代十分流行的一种叫作"软落甘"的传统点心。伴随着室町时代（1336—1573）中日间的贸易往来，以及茶道的勃兴而被广博开来。"越之雪""长生殿""山川"，话说都是"落雁"的派生，被称为"日本三大名果子"。

　　"落雁"家族绝对属于和果子里的"高端货"，既是茶会点茶时的指定果子，还是佛事前的必备供品。换言之，它只上高贵之所，不去平民之居。

　　话说铸就出和果子独特美味的，的确少不了日本名产"和三盆"❷的贡献。它拥有着白砂糖无法营造出的独特甜味。不过，使用"和三盆"制作和果子也是近世之后才有的事，此前都是用甜腻腻的柿子代劳的。

　　相对于"落雁"之类的高端，江户时代后期，伴随着庶民文化的发展，慢慢又孕育出了一种面向孩子，类似于零食一样的吃食——"粗点心（日文："驮果子"）"。

　　有着"天下厨房"之美誉的大阪，就有一款极具地方代表性的"粗点心"，名为"粟米花糖（日文：「粟おこし」）"和"岩米花糖（日文：「岩おこし」）"。据说这是平安时代传自中国的一款小点。因为其中掺入了薏苡，据说对治疗诸如手气、脚气之类的皮肤病有奇效。所以直至室町时代，它一直都得到贵族们的喜爱。丰臣秀吉在建大阪城时，为图"兴身、

---

❶ 中御门家，公家名门，属藤原北家劝修寺流、劝修寺庶流。江户时代，家禄260石，幕末200石。明治维新之后，分别封以伯爵、侯爵之位。

❷ 和三盆是一种原产自日本香川县和德岛县等四国地方东部的糖。和三盆是一种黑砂糖，色泽淡黄而颗粒匀细。"三盆"之名来自其制作工艺"孟兰盆会上三度研磨砂糖"。德岛县生产的和三盆叫作阿波和三盆，而香川县生产的则叫作赞岐和三盆糖。也被当作一种贵重的特产来出售。

大阪粟米花糖

大阪名物：岩米花糖

丸柚饼子（石川县轮岛市）

兴家、兴园"这个好彩头，而大力推广过这款和果子，因为这款点心的名字与日语"兴盛"一词同音。步入江户时代后，大阪依靠着其便捷的水运交通，更是成了幕府经济的中心。特别是到了幕末，稻米市场开放后，优质的稻米以及饴糖都可以以较低廉的价格买到。于是乎，在饮食上极具创意的大阪人便用口感更佳的大米替换了原有的主材——粟。这一制作方法还被编进了当时的百科全书《和汉三才图会》中。只要掌握了谷物及水饴的调配方法，即便是普通百姓也可以亲自动手制作。可以说，如上的这一切都为大阪的粟米花糖和岩米花糖走向民间做足了准备工作。

有趣的是，这款和果子无论历经多少代，其包装纸袋上总会印着梅花的图案。据说这是日本赫赫有名的平安朝臣、菅原道真家的家徽。想当年，菅公被奸人所害，被判流放九州太宰府。古时出行不比当下，只得依靠脚力或水路。相传他在大阪等待去往九州的出港船只时，爱妻拿来了果子赠予菅公。感动的菅原道真反赠了绣有菅家家徽——梅花标记

（缘于菅原道真一生爱梅）的衣袖，以示对爱妻的感激。很富生意头脑的大阪果子商人们借此事给自家果子做宣传，便巧妙地将梅花标记与这款大阪名果子结合在了一起，由此它们便形影不离了。

当然，在和果子家族里，也有与洋果子近似，以新鲜水果为材，或蒸或煮或晒的做法。比如这款名为"丸柚饼子"的和果子，它曾在2014年，上户彩主要的电影《武士的菜单》里出现过多次。据说影片的拍摄特别得到了位于石川县的轮岛市丸柚饼子总本家中浦屋的大力支持。丸柚饼子是那里的特产。顾名思义，它就是以柚子为材蒸制而成的和果子。据说从蒸制到晾晒，前后需要半年的时光，是一款费时费事的小点，所以这也就成就了它"昂贵"的身价。而这不凡的出身，也使得它与"落雁"一样，经常出入于茶会之上。

江户时代，随着人际往来的频繁，路边的茶店里也开始经营起果子生意。各色的旅者通过口述等方式，将各地贩卖的特色果子广博开来，这也就极大地促进了各地果子的发展。当然，在京都、江户，悉心学习茶道的各藩藩主们也极力地主推独具自家特色的茶点。据说这款名为"源氏卷"的和果子就是在这样一个背景下诞生的。

说到源氏卷，是幕末津和野藩藩主御用的名点。从名字上，想必有些读者不免会暗自揣测它与那部旷世佳作《源氏物语》之间的关系。不错，它们之间还真的是有些牵涉。据说曾作为贡品的这款和果子的馅料是紫色的，藩主夫人见过后有感而发，随即便咏出了《源氏物语》之"若紫"里的一首和歌：

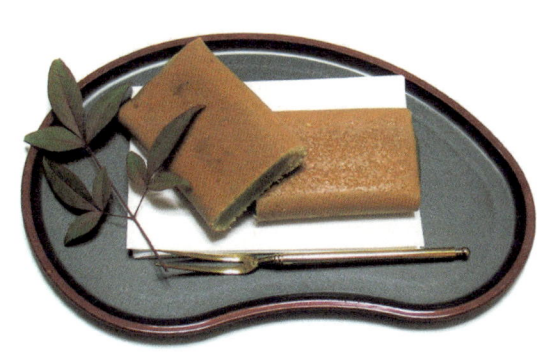

源氏卷

小判

「手に摘みていつしかも見ん紫の根に通ひける野辺の若草」

（中译：采花方知野边嫩草系紫根。）

"源氏卷"的名字由此而来。不过，这款吃食的声名鹊起并非源自这名字，完全是因为它曾化解了一场藩内危机。话说江户元禄时期，津和野藩藩主龟井兹亲接到敕命要负责敕使接待一事。他虚心向高家❶吉良义央请教，却反被戏弄一番。于是，决心与其决裂。藩中家老❷多胡真阴得知此事，偷将"小判"❸包进点心皮里。正所谓"有钱能使鬼推磨"，吉良传授了接待敕使的所有规制礼仪。就这样，小小的和果子避免了藩中一场不必要的骚动。为纪念此事，这款和果子便被保留了下来。当然，如今谁也不会如此奢侈，不再去用那"小判"做馅了。

细想想，还真是有趣，遥想当年这些和果子的出名，就如同今日的选秀节目一样，要有故事，还得是感人故事，值得纪念的故事。有了这些，这小小的和果子便有了生命，有了甜蜜味道之外更耐人寻味的东西。无论从味道，还是命名上，和果子都显得那么的精雕细琢，那么的富有艺术气息。不过，还有一点很容易被我们忽视掉，那就是和果子里还悄然地渗入了人们对季节的感知。假设夏季来临，和果子师傅会特别斟酌食材的选用，奉上用葛根粉调制出的作品，晶莹通透，让人入眼即凉。在日本，似乎每个季节，每个月份都会有一款当令的和果子。譬如一月份配合着过年的气氛，会推出宫廷和果子——花瓣糕❹；而早春时节的"红梅"❺，逼真得让你都不忍下嘴；三月三日桃花节（也叫偶人节、女孩节）里，菱形黏糕❻是必备的应时小点；四月赏花季里必吃的"赏花团子"❼；五月五日端午节，用一张槲树叶半包着的带馅糕团，即槲树叶糕团❽则是节日里当家果子，有点我们

---

❶ 高家，主要是室町时代足利氏、守护以及大名的子孙，出身"名门"，世代继承这一职位。高家的任务主要是代替将军参拜神社以及为接待朝廷派来幕府的敕使、院使等提供仪典的指导，是朝廷和幕府间的沟通渠道。

❷ 家老，家老一般有数人，采取合议制管理幕府和领地的政治、经济和军事活动。在幕府或藩中地位很高，仅次于幕府将军和藩主。作为大名的重臣，统帅家中的所有武士，总管家中一切事物。

❸ 小判，是日本江户时期通用金币的一种。薄圆形。为标准金币，一枚为一两。

❹ 花瓣糕（はなびら餅）是一种过年时吃的点心，表皮是经过糖煮的，里面包着的是用牛蒡和豆酱做的馅。它原来是宫廷正月仪典中用作供品的糕点。

❺ 红梅，形状如一朵早春的红梅，这是用小麦粉做的糕团，里面裹着馅，蒸熟后抹上淡淡的红色，很有美感。

❻ 菱形黏糕（ひし餅），将不同颜色的黏糕擀薄后切成菱形，并重叠在一起。菱形黏糕是偶人节（桃花节）必备的应时糕点。

❼ 赏花团子（花見団子），用江米做成团子，然后用竹签串起，满满地蘸上一层豆馅（如盘中右方），或是蘸上酱油并稍烤片刻（如盘中左方）。19世纪时，它是人们在赏花时吃的点心。

❽ 槲树叶糕团（かしわ餅）用一张槲树叶半包着的带馅糕团。

中国人端午粽子的意思;春分、秋分,不可或缺的是作为供品的萩糕❶;还有伴随着深秋的步伐,款款而来的"红叶"❷;待深秋栗子成熟之际,隆重上市的栗子糕❸;冬季里,带着微微柚子香的柚子馒头❹……可入口的甜腻腻和果子,为当下的饕客们呈现出了风姿曼妙的大千世界。

各式和果子

---

❶ 萩糕,用豆馅把蒸熟的江米团包起来而做成的糕团,这是春分和秋分时节用来上供的食品。据说因为其形状很像萩花而得此名。

❷ 红叶,将着色的豆馅用模子压成一片形状端正的红叶般的糕团,它让人们用视觉和味觉来感受深秋的意境。

❸ 栗子糕,即把栗子捣成泥,并用它包住经糖煮过的栗子,然后烘烤而成。在深秋季节,全国各地都有各个种类的栗子糕上市。

❹ 柚子馒头(柚子饅頭),以小麦粉及大和山芋(日本特有的山芋)为原料,糅和并掺入研碎的柚子皮,蒸煮后做成面皮,然后包上馅。微微的柚子芳香使它成为冬季的佳美糕点。

第三篇

房屋的故事

# 世界古村落建筑的活化石
## ——合掌造

日本中部地区有个岐阜县，历史上曾分为两个国家：北部的飞骅（tuó）国和南部的美浓国。日本战国时期，有个叫织田信长的武将占领了这两个国家，将它们合并改称为"岐阜"❶。岐阜北部的飞骅山❷群山延绵，南部的美浓川❸清流蜿蜒。就在这"飞山浓水"之地的西北侧，有一世外桃源：土地平旷，屋舍俨然，有良田美池桑竹之属，阡陌交通，鸡犬相闻……这里就是日本岐阜县白川乡的合掌村。

有人称这里为"日本之心"，虽有些言过其实，但它的确保留了日本最古朴的乡村生活状态，也是日本四季自然之美的一个缩影：春日，这里是"桑下春蔬绿满畦"的古朴田园；夏日，这里是绿谷清流的诗意世界；秋日，这里是由自然神勾画出的惊艳画卷；而到了冬日，因为和"豪雪"有个为期三个多月的浪漫约会，这里则又变成了白色的童话王国。每年冬季夜晚LIGHT UP（点灯活动）时，看着白雪美景下的美丽村落在精心打造的柔光折射下若隐若现，呈现出一派银装素裹的梦幻景象，白川乡美得动人心魄！

如此美丽的秘境乡村，道阻且长，交通不便似乎成了它必不可少的"保护伞"，当然也成为这里"人们走出去，外人走进来"的最大屏障。倘若说往昔，这是地处深山的自然环境使然的结果，那么今日的"道阻"与"不便"则多了许多人为因素，更确切地讲，是人

---

❶ "岐阜"二字，与中国颇有渊源。"岐"，取自中国周文王建立800年太平基业的"岐山"。"阜"字则源于学问之祖孔子的出生地曲阜的"阜"，寓意以求天下太平和学识渊博。

❷ 飞骅山，也被称为日本的阿尔卑斯山。1896年，英国传教士威斯顿将攀登飞骅山脉的过程和美景，描述出版了《日本阿尔卑斯山登山及探险》一书。书中把飞骅山的山景比作欧洲的阿尔卑斯山一般美丽，飞骅山因而开始以"日本阿尔卑斯山"之名闻名于欧美，成为欧美登山人士的挑战目标。

❸ 美浓川，因河岸景象与德国的莱茵河相似，故称为日本的莱茵河。

日本飞驒山

白川乡的春

白川乡的夏

白川乡的秋

白川乡的冬

们出于保护的本意，故意维持着这种与世隔绝的"秘境感"。众所周知，日本是个铁道交通极度发达的国家，几乎没有铁道交通到达不了的地方，然而至今铁道尚未延伸至此。这貌似有些不妥的状态，细细思来，却很有道理，毕竟如今繁华世界易找，世外桃源难寻。每日，通往白川乡的交通仅有固定的几班来自高山、金泽和富山的巴士，错过了就只能等待第二天。所以难免与它相见一场时，多了几分"千里迢迢""舟车劳顿"之感。然而如果你偏偏选择在白雪皑皑的冬季来见它，那就更要做好大雪封路后"进，进不去；出，出不来"的心理准备。这绝不是危言耸听，因为几年前笔者就亲身经历过这份"尴尬"。但即便如此，每年白川乡依旧会迎来送往许多慕名而至想要一睹其芳容的游客。谈其故，并非只因美景使然，"合掌造"才是白川乡最大的"彩蛋"。这里拥有日本最后的大屋顶村庄——规模最大的"合掌造"村落，被誉为"现实世界的童话屋"，也是全球为数不多的保存完好的传统木屋村落❶。被世界知道这个秘境乡村，源于1995年12月在德国柏林举行的第19届世界遗产大会。会上，日本"白川乡与五箇山的合掌村"被联合国教科文组织列入《世界遗产名录》（这是日本国内继姬路城、白神山地等之后，第6个入选为世界遗产的地方）。旅游评级指南《米其林日本绿色指南》也曾给予五箇山和白川乡最高等级的三星评价。

　　说到"合掌造"这种日文里的汉字式表达，中国人往往会感到一头雾水（既熟悉又陌生），所以笔者很有必要在这里特别解释一下。所谓"合掌造"，简言之就是一种人字形屋顶的日本农家建筑。其中的"合掌"二字是指，指尖相对叉手（呈人字形）的意思，可以说是对这种人字形屋顶的一种更为形象的比喻。而"造"字在日文中就是"建筑、房屋"的意思。所以，"合掌造"往往会被翻译成"合掌建筑""合掌屋""人字形茅屋建筑"（后文将统称为"合掌造"）。而这种建有"合掌造"的村落往往就被习惯地称之为合掌村了。白川乡的合掌村共有5个，其中的荻町地区最为壮观（拥有114栋"合掌造"），五箇山的合掌村主要是指相仓村落和菅沼村落。

　　论及"合掌造"的精妙、独特之处，笼统而言大体有三：一则为宛如叉手状的尖屋顶形制；二则为不用一根钉子、铆子的木造建筑；三则是拥有300多年历史的世界建筑活化石，被建筑界誉为最合理、最理性、最天人合一的建筑。

　　话至于此，或许有人会心存这样的疑惑：合掌造的屋顶形制是因何而生？又为何说是

---

❶ 世界范围内类似的古村落，还有斯洛伐克的弗尔科利内茨山中村落、匈牙利的霍尔洛克村等。

合 掌 造 分 布 图

"最合理、最理性、最天人合一的建筑"?简言之,答案就是:就地取材、因地制宜。

这种合掌造农家建筑主要分布在日本中部地区岐阜县的白川乡、庄河的上游地区以及富山县的五箇山地区。而这一带恰恰处于日本屈指可数的"暴雪地带"[1],年积雪量多则可达3米以上,一夜积起1米的雪层也绝非罕见。暴雪袭击再加上地处深山,对合掌村来说冬季是一个严峻的考验。自古以来白川乡和五箇山一域的村庄经常受困于大风雪中,而与外界完全隔绝,村民们相互依靠,想尽各种办法,度过了一个又一个寒冬。为应对冬天可达3米多厚的积雪,避免大雪天将屋顶压塌,这一带村落的屋顶都是"人"字形的尖屋顶,也就是将两个建材合并成叉手三角形状,屋顶从顶部的屋脊大梁斜斜向两侧下探,至山墙处为止,如同被横截一般。日本建筑界将这种屋顶统称为悬山式屋顶,日文称其为"切妻造(kiriduma-dukuri)"。所以也有人把这种建筑称为"切妻合掌建筑"。

说到屋顶的斜面防积雪角度,也是有些门道的。合掌造屋顶两侧形成的夹角大多在45°~60°。据说白川乡一带的屋顶大多为45°角,而到了同为合掌造的五箇山地区,就变成60°了。这主要和两地房屋建造时的朝向位置以及每天屋顶的日照量有关。白川乡地区的"合掌造",考虑到来自庄河的风向问题,为了减少其受风力,大多是面对着正南正北的方

---

[1] 日本豪雪地带,指日本靠近日本海一侧以及从本州北部到北海道地区。冬季由于大陆西北季风带来的寒冷空气,使这一带形成了世界上屈指可数的多雪地带,降雪厚度4~5米。

向而建。而五箇山地区的房屋走向并不是绝对的南北方向或东西方向，这就保证了全天屋顶两侧的日照量比较平均，特别是在日出日落时分，不会出现像白川乡地区那样只有单侧屋顶接受日照的问题。如此一来，这也就直接影响了屋顶融雪的速度，屋顶两侧的融雪速度相当，自然积雪对屋顶的压力也就变小了。

正如1935年德国建筑师布鲁诺在《再探美丽的日本》一书中说的，合掌村最大的优点就是乡村的建筑与山间自然环境十分和谐，建筑造型完全符合当地的特殊气候。

落雪后的白川乡

冬季的庄河

搭防雪篱笆

防患于未然,一般合掌村的村民入秋之后便开始着手进行防雪的准备工作,搭起防雪篱笆,以防止暴雪损坏房屋。然而,即便如此用心良苦,一场大雪下来,屋顶上依旧会积起厚重的雪层,积到1米就要上房除雪,这是村里代代相传的经验之谈。但是,现如今这个"法则"遵守起来也是捉襟见肘。随着一个又一个人离开村子,为空房除雪就成了一项繁重的工作。以五箇山的相仓村落为例,曾经有300人生活的村落,而今仅剩下40人了。随着住户的减少,许多屋舍都已变为空巢。这些房屋的日常维系就依靠为数不多留下来的村民们。冬日除雪、定期清扫,这些工作对于村民们而言,他们的维持能力也已几近极限。

水田、蚕桑永远是农家维持生计的工作标配,对于合掌村而言也不例外。300多年来,

屋顶除雪

蚕桑成为当地村民主要的营生之一,所以合掌造既是住家,也同时成为村民们养蚕的工坊。为了方便在屋顶下的夹层里养蚕,合掌造往往都会架上箅式木板,搭建出两层、三层的阁楼,屋顶下的三角形墙面上还会设有进光通风用的窗户。而为了能让屋架顶部高到足以架起两层、三层的阁楼,这个三角形的合掌屋顶往往会被搭建得巨大无比。屋顶的架构搭建好后,村民们会就地取材,用粗大的稻草绳固定茅草,制作的过程就仿佛在给屋顶缝制一件硕大的"棉衣"(屋顶的厚度一般会在 40~80 厘米)。在没有空调的日子里,这样的房屋绝对算得上是冬暖夏凉了。远远望去,硕大的屋顶宛如一本被打开着的字典倒扣在房屋上。

村民养蚕

4月白川乡的水田

"合掌造"绝对是这片水土孕育出的建筑之美,是当地居民用智慧与自然共生的典范。接触合掌村的时间越长,你会发现它越多的迷人之处,这绝不单单是一个人字形大屋顶的外形那么简单。掐指算算,合掌造的房屋有的甚至已有300余年的历史,它们如今依旧傲然挺立。你有没有想过,这一栋栋合掌造房屋是如何"保鲜"的呢?在这样一个秘境深山里,最初人们又是因何迁居于此的呢?除了"才了蚕桑又插田"的生活外,合掌造里的村民是否有其他的生财之道?抱着这些疑问,我们来更深入地了解一下这个活着的古村落。

其实,在合掌村里,最让人叹为观止的就是这个巨大的屋顶,它并不是固定在梁柱上的,只是搭在了房屋上而已。而且在合掌造屋顶的组装中没有用到一根钉子或镐子,内部梁柱均用粗稻草绳和嫩树枝绑扎,或采用榫卯❶的方法来接合房屋架构。即便如此,房屋牢固无比,300多年来经受住了连年的暴雪以及无数次的地震洗礼。这究竟是何等的匠心与智慧,造就出了如此令人赞叹的建筑?

据说使合掌造屋顶经久不衰的"保鲜"法则竟然就藏在小小的地炉里。在日复一日的似水流年里,袅袅白烟穿过房顶的木板向上飘散,熏透了屋顶大梁,使木头防腐、防虫蛀,变得更加坚固。此法听起来可能有些玄妙,但无独有偶,斯洛伐克的弗尔科利内茨山中也

---

❶ 榫卯是在两个木构件上所采用的一种凹凸结合的连接方式。凸出部分叫榫(或榫头);凹进部分叫卯(或榫眼、榫槽),榫和卯咬合,起到连接作用。

合掌造二层阁楼　　　　　　　　　　　合掌造屋顶外貌：宛如倒扣着的字典

有这样一座类似的古老村落，他们也很巧合地使用此法来给房屋"保鲜"，延续着和日本合掌造相同的智慧。

除了匠心与智慧，对于远离人烟的村落而言，所有的营生都少不了大自然的馈赠。不要小看用来固定梁柱的那根嫩树枝，它们可是使合掌造房屋强韧的另一个秘诀。据当地人讲，在合掌村附近的山上，生长着许多金缕梅树，用来绑扎固定梁柱的嫩枝就取自这种树木。而用这种树的嫩枝打成的绳结，会异常坚固。它们再经过地炉日复一日的烟熏后，就会变得坚如钢铁。听到这里，不禁感叹，这里凝聚着多少村民们合力施展的匠心啊！

当然，如上所说的也只是房屋内部结构的"保鲜"方法。关于屋顶外部，村里有个不成文的规定，那就是每隔三四十年必须翻修一次屋顶，更换一次腐朽的屋顶茅草。一般这项大工程会在严寒尚未退去的3月间进行。然而，合掌村里一直没有专门从事茅草屋顶翻修的工匠。那么问题来了，这项工作又是如何推进的呢？据当地人介绍，村子里有一个名为"结"的互助制度，每到翻修屋顶的时候，所有村民齐上阵，就连当地的初中生也会加入进来。全村的人就会同心协力一起参与翻修，往往一天就能翻修完。也正因这种制度，一代代村民自然而然地掌握了铺茅草屋顶的技术。就拿白川乡合掌村的"钟楼门"来说，自享和二年（1802）为开端，先后有1425人参与了修建和维护。由于1965年一场大火将村里一半以上的茅屋烧毁，所以如今的合掌村里，家家户户都会储存足够的茅草以备不时之需。可以说，这种被称之为"结"的互助制度，成了维系如此巨大房屋屹立300年不倒的"秘法"。

合掌造屋顶盖的茅草

合 掌 造 铺 设 屋 顶

合掌造铺设屋顶

合掌造屋顶构造

合掌造屋顶组装

合掌造一层的地炉

合掌造民家第三层阁楼房屋构造（五箇山相仓村落）

合掌造民家第三层阁楼

金缕梅树的嫩枝

固定梁柱的嫩枝绳结之一

固定梁柱的嫩枝绳结之二

修葺合掌造屋顶

虽说同为合掌造,但和人迹罕至的五箇山相比,白川乡地区似乎更具人气。然而要是深究起它们在历史上的出场顺序来,恐怕五箇山的合掌造却要略胜一筹了。这一点从两地的房屋形制上便可得知。五箇山地区的房屋都是由山墙开门进入(日文称为"妻入"),且土间部分比较宽广;而白川乡地区则把开口设于房屋的正面(日文称为"平入"),基本上没有土间部分。在日本建筑界,"妻入"这种形式一般被认为会比"平入"要古老些,大体分布在近畿到北陆的几个地方。所以,若要探究合掌造村落产生的源头以及更多的秘密,那我们就不得不把目光投向五箇山地区。

矗立于幽深山谷之中的五箇山,最初因古时平家人落败隐遁于此而出名。在五箇山的瑞愿寺里,至今仍保留着这样一份资料。

合掌村里的"钟楼门"

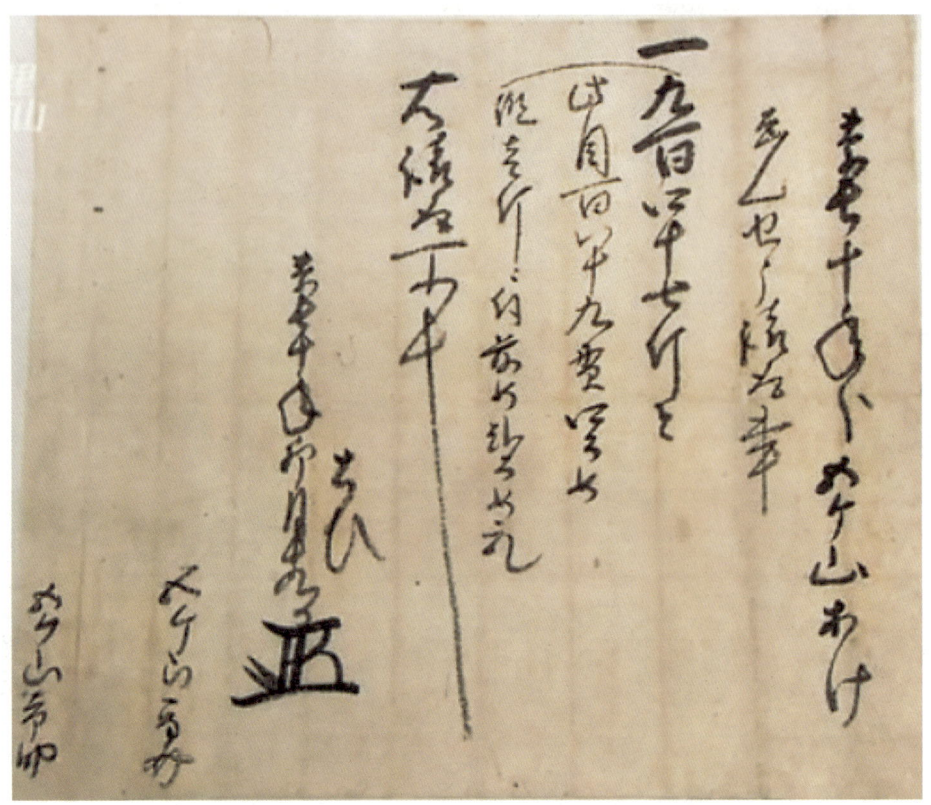

庆长十年（1605），来自加贺藩藩主的硝石征收状

火 药　　　　　　　　硝 石

这是曾统治五箇山地区的加贺藩前田家留下的书信。上面记载了在庆长十年（1605）这一年间，加贺藩从五箇山收取了 947 斤的硝石，硝石因其形似盐的结晶，故日文称其为"盐硝"。17 世纪以来，加贺藩每年收购的硝石量高达 5 吨。令战国武将纷纷垂涎的硝石究竟是何物？原来硝石是制造火药的原料。在多山少水稻的五箇山地区，除了和纸、养蚕之外，硝石的生产成为其重要的产业。而促成这一结果的，主要是因为五箇山地区生产的硝石不论质或量均为日本第一。

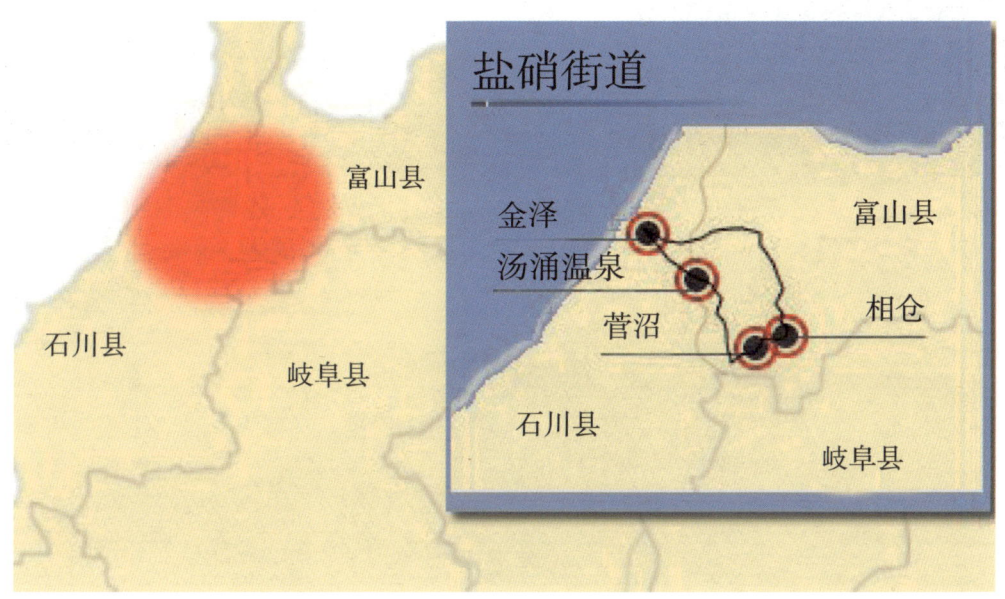

硝石街道：由五箇山地区运硝石至金泽

合掌造的制作硝石的"地下工厂"

庄河上的"相逢桥"

  硝石的主要成分是硝酸钾。自然界中的硝石往往是土壤中含氮的有机物质在细菌作用下分解、氧化成硝酸后,再与土壤中的钾元素化合而成。曾经在五箇山的合掌造房屋的地板下,就存在着生产硝石的"秘密工厂"。当时,村民们把艾蒿、荞麦壳、草、蚕粪和碱水混合在一起,深深地埋入地下,历时5年的发酵后,一种呈皮壳状或盐花状的物质便会从土壤里析出,覆盖在地面上,这就是所谓的地霜。村民们将这种含硝的土块扫取,置于桶内,再加水浸泡、滤液熬煮、晒干,从而提炼出硝石结晶。原来最初五箇山的合掌村竟然是加贺藩的"秘密工厂",生活于此的村民们都是名副其实的硝民啊!如此说来,我们再做个大胆的推断,倘若最初没有硝石,是不是也就不会有今天的合掌造房屋了呢?

在五箇山地区，有一户名叫岩濑的人家，他家的合掌造房屋早在昭和三十三年（1958）5月14日就被指定为国家重要文化遗产。而其前房主就是曾经为加贺藩主制作硝石的硝民——藤井长右工门。这栋合掌造房屋是他历时8年时间建造的，也是现今合掌村落里现存规模最大的一栋，据说曾经最多有35人共同生活在这片屋檐下。而今，这栋房屋虽然有部分对外开放，但如今的主人岩濑一家仍生活于此。

现如今五箇山的合掌造村落日渐冷清，人口只减不增。不仅仅是日常的清扫，冬日里的除雪工作已几近极限，就连春日祭里必跳的"狮子舞"也面临着失传的危机。同样的问题，其实在白川乡地区也存在。所以，作为世界建筑活化石的合掌村落，一直在努力让走出去的年轻人回来，也在不断思考在吸引更多慕名而至的游客的同时，如何保护好"秘境山村"的本真之美这个大课题。

几百年来世世代代合掌村的村民们始终把家乡的发展与自然环境紧密相连。1965年大火烧了半个村庄，合掌村村民自发成立了"白川乡合掌村集落自然保护协会"。他们规定合掌村建筑、土地、耕田、山林"不许贩卖、不许出租、不许毁坏"。村里为了避免过度商业化，不开设餐馆，游客在这里是找不到用餐的地方的。你要走过架在庄川上的吊桥，也叫"相逢桥"，到庄川的西岸才能解决吃饭问题。村民还提出，对合掌村的景观建筑一定要进行原汁原味的修缮，村庄的发展要与农业相结合。于是，村子里开始开设了民宿服务，吃的都是自家田里种的、水里养的……他们还将农活，如插秧等变成游客参与互动的项目，让游客身临其境地学习和体会村民的生活乐趣。说到这里，你有没有觉得"身未动，心已远"？也想体验一把这如同穿越时光隧道回到从前的古村落生活呢？

# 从竖穴到寝殿的三级跳

问世间什么最可怕？日本人会用这句俏皮话回答你："地震（じしん）、火事（かじ）、雷（かみなり）、親父（おやじ）"（地震、火灾、落雷、父亲）。对于日本这个灾害多发国而言，自古天灾最令人畏惧。而在一个以木建筑为主的国家中，像地震、落雷这样的天灾，最直接的后果就是火灾。1657年江户发生的大火曾将包括江户城天守阁在内的整个城市烧毁过半。所以，在日本人漫长的木造房屋的历史中，火灾一直都是他们的心头之患。

日本的传统住宅是木结构的，优点突出，缺点也极大。那么这种住宅样式是如何形成的呢？我们回溯历史来看一下。

## 原始阶段的竖穴与高床

绳纹时代，人们居住的是"竖穴（たてあな）"式房屋，这是自冰河时代就有的住居样式，下挖地面、立木柱架横梁并覆以茅草屋顶。在日本，这种房屋的实际使用时间相当长，直至平安时代才逐渐被平地式房屋所替代。除了黑暗狭小的劣势，与平地式相比，半地下的生活要冬暖夏凉得多。

随着时间推移，绳纹中期开始出现农耕生活。弥生时代水稻种植技术传入并日渐普及。储藏珍贵粮食稻米的"高床（たかゆか）"式仓库随之出现。所谓"高床"是指房屋与地面有一定距离的样式，可隔湿防潮，通风良好，还能防野兽鼠类。高床式房屋成了当时最高档的样式。在4—6世纪的古坟时代，西日本地区首领们开始住在高床式的房屋里，而后不仅是部落"王"们的居所，就连原始信仰神道的神殿建造也都不约而同地采用了这种样式。日本古老的伊势神宫神殿的"神明造"样式就是如此。

竖穴式房屋与高床式房屋复原图

竖穴式房屋内部图

高床式神明造样式的伊势神宫

高床样式是日本建筑的起点，成为日本住居样式的源头。无论是平安贵族的"寝殿"式住宅，还是后来武家发展起来的"书院"式住宅，其原型都是高床式建筑。

## 律令制时代，木造建筑的"三级跳"

7世纪初，日本积极学习中华文明，建立了模仿中国的律令制国家。其间跨越飞鸟、奈良、平安三个时代约500年，与后来的武家政权相对，称为公家贵族统治时代。

这一时期居所和建筑有了飞跃性发展：一是建造了大量寺庙，进而掌握了大陆建筑样式与技术；二是营建了大型都城，其中平安京发展为真正的城市；三是后期形成日本本土特色的贵族住宅样式"寝殿造"。

中国对日本住所和建筑最大的冲击是佛教建筑的传入，从而带来先进的中国建造技术和样式。早期传入日本的寺庙与中国南北朝、隋唐的建筑风格极其相似。现存于奈良的法隆寺代表了日本最古老的建筑形式，是木造建筑的杰作。

日本佛教寺庙建筑从飞鸟时代发展至平安时代，技术与样式渐趋成熟，逐渐改造以适应日本风土和生活习惯：木柱变细，室内高度降低，屋顶坡度趋于平缓。这一样式被视为日本传统古典样式传承至今，称为"和样"。它实质上反映了隋唐建筑样式的日本化过程。

法隆寺金堂与五重塔（7世纪）

鉴真主持修建的唐招提寺金堂（8世纪后期）

有趣的是，日本还有一个建筑风格概念"唐样"与之相反，即后来镰仓、室町时代传入的中国禅宗寺院建筑样式，给日本中世建筑的发展注入了新活力。

中国寺庙建筑技术和样式的传入意义重大，它提升了日本建造技术，直接影响了宫廷与神社的建筑样式，并为后来具有日本特色的贵族住宅样式"寝殿造"的出现创造了条件。

## 都城的营建与住居的变化

日本作家川端康成在其小说《古都》中，以千年古都京都为背景，描绘了日本传统之美。实际上，日本历史上有比京都更早的都城。

最初，大和政权❶并没有真正的都城，而后在律令制国家建立的过程中，日本开始有意识地模仿中国都城建制，统一规划建造作为政治中心和国家象征的都城。

最早按规划建设的城市是藤原京（694—710），建造了十八条、八坊的街区。宫殿首次采用了中国传来的佛教建筑样式。

710年迁入的平城京（现在的奈良）是留存至今最早的都城。面积扩大到藤原京的3倍，还增加了外京及北部区域，城市规模大大扩展。

当时都城的规划和建筑风格均受中国唐长安和洛阳建制的影响。主要特点是：城郭呈方形，皇宫位于中轴线中间或北首，整体采取棋盘式结构，划出方形的条坊❷。以天皇宫殿为中心，寺院以及豪族的住宅、庶民的住宅林立，位于中心的朱雀大路直通北端的天皇宫殿。

这种受中国都城设计影响的棋盘式格局被后来日本许多城市继承。而日本城市内区划不以街道为单位，而以区域为单位称为"町"，用"~町目"的说法标识位置，这也有古代条坊制的明显影响❸。

都城的营建是一个国家文明飞跃发展的标志。794年，新迁的都城平安京在设计时充分考虑了城市功能，首先选择河运便利的位置建都，还考虑到卫生问题而设计了下水道。人口构成也有了变化，当时许多工匠会集于此，为大臣贵族们营造宅第。建造者还专门为贸易买卖在城南设置了东市和西市，最初由朝廷官员运营。后来随着商业的发展，出现了被称作"町人"的商人和其他手工业者，他们开始在城里定居或经营买卖。随着生产力的提

---

❶ 大和政权，4—7世纪以大王为中心的日本奴隶制国家——大和国，也称为倭国。它晚于邪马台国，大化改新后天皇执政，大和时期结束。在考古学上称为古坟时代。

❷ 条坊，模仿自中国里坊制，是一种城市区划。在街道框定的街坊中，东西方向的路称为"条"，南北方向的路称为"坊"。整个城市划分为棋盘状。

❸ 平安京区划中，"坊"的1/4称"保"，"保"的1/4称"町"。

平安末期《年中行事绘卷》中的町家

高,城市生活日益活跃。

町人的住居称为"町家",临街鳞次栉比而建,大致位于东西市的外围地区,在临街的狭窄门面陈列商品,房屋纵向很深,屋顶多苫盖木板。

平安中后期,唐风渐退,具有日本特色的"国风文化"逐渐形成。在贵族云集的平安京,形成了具有日本本土特色的贵族宅邸样式"寝殿造"。

关于寝殿式住宅,电影《阴阳师》中有所描绘。贵族藤原氏的住宅中,正殿面对一水池,左右围以游廊。阴阳师安倍晴明的家也很有特色,一条窄窄的水渠穿过院落,跨过水渠、登上游廊才来到正宅。水池和游廊这两个要素,是典型贵族住宅的重要组成部分。

《年中行事绘卷》中的寝殿庭院

寝殿式住宅中，主人起居的寝殿位于住宅正中央，向南面对一片清水池，寝殿东西以游廊连接配殿，东西配殿又通过中门廊连接到水池之上的钓殿（即水榭）。另外，大门的位置开在东侧或西侧，形成不对称格局。

寝殿内部空间很大，没有墙壁分隔，以屏风、幔帐、软帐等区分空间。也就是说，当时的贵族是住在一个空空荡荡的大房子里，没有私密性，冬天又很冷。地上铺地板，设草垫、褥垫等供休息。那时榻榻米还未形成，不过草垫可以说是榻榻米的前身。有趣的是，草垫也不是谁都能坐的，最开始只限于天皇，后来扩展到皇族，再扩展到贵族。天皇睡觉时用两张，坐着时用一张。寝殿的生活看起来很美，实际未必舒适。

寝殿式东三条殿复原模型

平安时代的室内生活

大室公园里的平地式住宅复原房屋

普通民众的住所样式也逐渐变化。随着中国移民带来先进的技术和住宅样式，7世纪上半期，近畿地区平地式房屋逐渐普及，平地式房屋不深挖地面，柱子直接植入地面挖的柱洞里。8世纪初，竖穴式房屋在近畿地区消失，但在其他地区至平安中期仍然广泛存在。

# 武家统治时期的城堡与书院

12世纪末武家开始掌握政权,直至1868年明治维新前,延续了大约7个世纪。这一时期是日本住所样式形成的重要时期,现代和室的基本格局即完成于此时;茶室建筑样式伴随着茶道艺术而诞生,简约朴素,极大地影响了日本人的审美观;另一个出色的建筑成就是城堡的建造,既具备军事防御功能,又具有很高的艺术价值。

## 武家住宅

### 1. 书院式房间

武士阶层最初居住的仍是寝殿式住宅,但镰仓、室町时期传入了禅宗带来的新的住宅和生活样式,对武士阶层产生很大影响,一些新的住宅样式逐渐融入。镰仓时代,出现了交错式推拉纸窗作为房间间隔。过去广阔的房屋被划分成卧室、起居室、佛堂等单独空间。

任何住宅都遵循这样一则规律,即住宅的样式和功能是与居住者身份、地位、职业紧密相关的,在武家统治时期亦是如此。武士阶层与贵族阶层不同,生活上朴素务实。深厚的"忠、义"观念催生出了严格的礼法,直接体现在其住宅样式上。此外,武家婚姻形式为娶妻婚,家长夫妇与继承家业的子女家庭同住的形式很普遍,这一点也影响到武家住宅的样式。

武家住宅分为公开部分和私密部分,待客有专门的房间。室町时代,出现了榻榻米房间,形成高规格的待客房间。室町中期,称为"书院造"的武家住宅样式终于形成,也成为现代和室的原型。现代和室的几个典型要素:木结构、纸拉门、拉窗、榻榻米都形成于此时。这种住宅样式定型于江户时代,并在民众富裕阶层中普及。

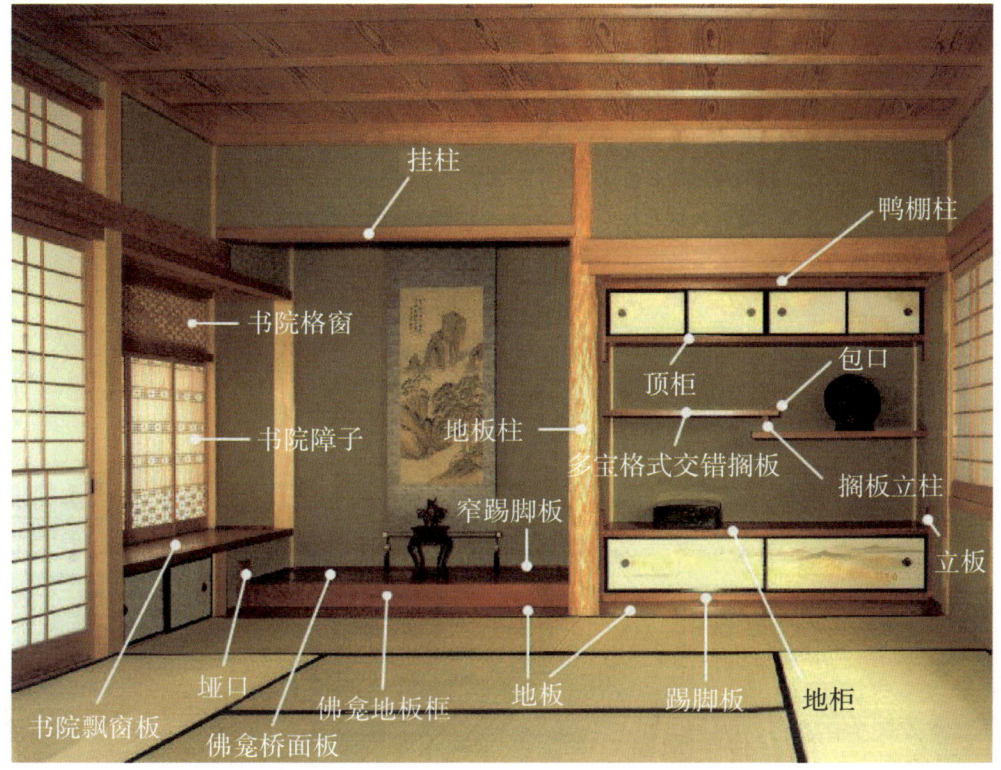

书院式房间"座敷"

"书院"意为书斋，在禅僧的住处，为方便读书，在房间光线明亮处设置固定几案。这种室内设置形式被引进武家住宅，形成狭义上的书院式房间。书院式房间在日语中称作座敷"（ざしき），室内设有壁龛"床之间"，用来装饰书画。旁边设有高低置物架，临窗有突出的固定几案"付书院"。地面上铺有榻榻米。各房间之间以纸拉门隔开。向外侧设明亮透光的拉窗"障子"。主人会客及举行正式仪式都在这个房间，它在所有房间中地位是最高的。

### 2. 榻榻米与和室

在现代日本，无论是住宅外形还是内部装修都相当西化的情况下，大多数家庭还都保留一间"和室"。这个房间功能很多，既可做客房，也可用作正式房间，还可变为茶室。

榻榻米是和室的重要元素，也是日本文化的代名词。不过，追溯榻榻米的历史，会发现它在日本普通百姓生活中出现的时间并不遥远。江户中期，榻榻米逐渐进入到寻常百姓家，而在农村的普及则推迟到了明治之后。

榻榻米的前身其实很早就存在了。奈良时代敕撰的《古事纪》中，就将垫子之类的物

宇治市源氏物语博物馆

品称作"たたみ(发音:榻榻米)",是比较薄且能折叠的铺设物的总称。到了平安时代,榻榻米开始增厚,并在贵族中得以普及。同时,依照社会阶层的不同,其大小和边缘的颜色也有了明确规定。当时房间内是木板地,榻榻米仅在跪坐时使用,不用时就折叠起来。榻榻米一词也正源于这一动作:折叠(たたむ)。

地面对中国人来说是用来走的,而对于日本人来说是用来坐的。平安时代的贵族女性甚至以坐为美,站立被认为是不文雅的表现。结果现在大家看到的古代绘卷中,女性大多是穿着多层和服跪坐在榻榻米上。

到了室町时代,武士阶层的书院式住宅中将榻榻米铺满整个房间地面。江户时代后,榻榻米成为建筑物不可缺少的元素,被普遍使用。

现在的榻榻米是指表面用灯芯草与麻线编织,内部用稻草填充的比较厚的铺设物。由于材料有良好的吸湿性和保温性,非常适合日本高温多湿的气候。它产生了一个面积单位"叠"。"一叠"指一张榻榻米的大小,约 1.62 ㎡(1.80m×0.9m),恰好是一个人躺下所占的面积。

虽然现代大城市中高层住宅日益增多，可是大多数住宅还是保留了一间铺有榻榻米的和室，成为日本人在现代西式生活中对传统生活的一种向往与寄托。

## 日本历史上的高层建筑——城堡

姬路城、大阪城、松山城、冈山城……在日本，似乎每一座城市都拥有它自己的一座城堡。它们大大小小、风格不一，但都经历过岁月的洗练，如今成为它们所处地的绝对地标，不仅成为日本古建筑的代表，同时也用无声的语言记录着它们隶属的那座城市的过往。

话说武家统治时期，权力更迭频繁，伴随着武力的较量，城堡（日语："お城<sup>しろ</sup>"）这种军事设施如雨后春笋般大量出现。

日本的城，与中国"城"的概念很不一样。中国古代的城，指的是外围有城墙包围的城市，执政者和百姓都居住在城墙环绕的城内。而日本自古以来城市就很少修建围墙。武士政权修建的城堡是一座军事防御设施，只有武士首领的住宅和重要的行政机构位于城内，武士阶层按等级居住在城外距城最近的区域，手艺人和商人阶层居住在更外侧。

日本的军事防御性建筑自古就有，只是古代多用土垒，也没有建造高达几层楼阁的技术。现在的城堡主要是16世纪战国末期至江户初期建造的。它既是军事基地又是政治基地，还具有储备粮食等重要物资的功能。城堡的地理位置、设计等都与其功能相关。

大阪城天守阁

其中作为望楼的天守阁是核心建筑物,主要功能是眺望敌人动向、指挥战斗,所以建成好几层的高度。到了和平的江户时代,则更多成为权威的象征。城堡内划分为核心区和次核心区,称为本丸、二之丸、三之丸等。城堡外围是石头修筑的城墙和护城河。

城堡的出现具有划时代意义。首先,与日本古代建筑多参照中国的习惯不同,城堡产生于武力战斗的需求,建造技术和样式与中国不同。此外,以城堡为中心形成的城市"城下町(じょうかまち)"也与中国城市类型完全不同。现代日本很多城市都是从城下町发展而来,如大阪、江户、名古屋,如今仍是重要的经济中心和政治中心。

此外,随着驿路的建设,还形成了驿站城镇。随着海运的发展,港口城镇也日益繁荣。

## 江户时代的城市生活与乡村生活

从德川幕府建立到19世纪为止的两个半世纪,称作"江户时代"。这一时期,以幕府所在的城下町"江户"为中心,全国大致形成了由各藩的城下町构成的城市网络。江户可以说是武家政权下最具有代表性的核心城市。

17世纪初,江户城只有中心城"本丸"和外城"二之丸",而后利用河流以右旋涡形式建造了护城河,城堡范围扩大,城市街区不断扩展。削山填海,制造了大片平地,并建起武家宅邸区、工商业者街区、寺社街区。江户实际是一个人工建造起来的城市,17世纪时面积约43平方公里,人口达百万。

武家宅邸位于地势较高的地区,形成了"武家町",占据江户大约一半的面积。武士住宅采用书院样式,根据居住者地位不同,距城的远近以及布局和装饰都有很多规定。不过,即使是下层武士,其住宅也必有栅栏门,会客室与卧室分开。武士住宅成为现代日本人追

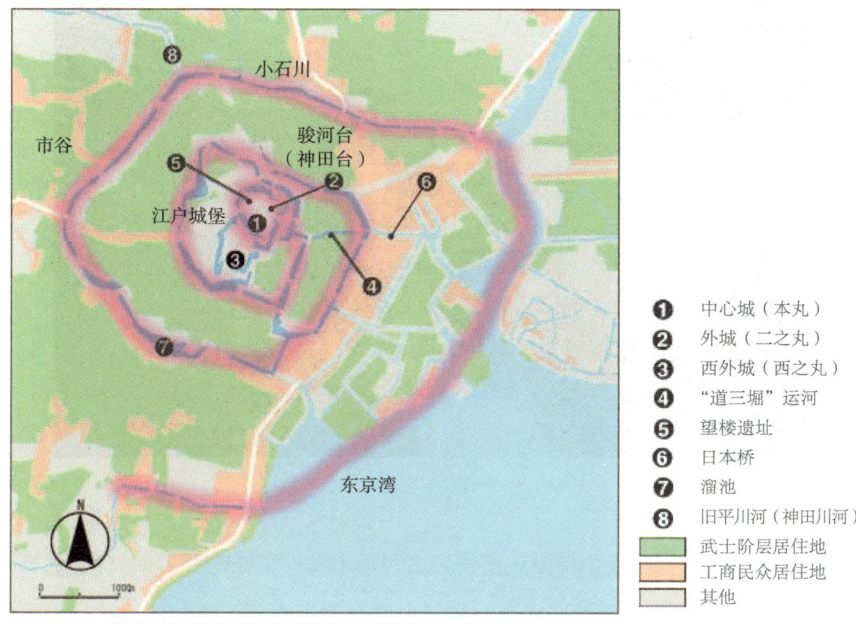

右漩涡型发展的江户城区（1670）

求的独栋住宅"一戸建て（いっこだ）"的原型。

工商业者居住在地势较低的区域。商家的典型布局为狭长的通院，正面是店铺，里侧是起居室和会客室。手艺人居住的样式多为长屋（房间并排相连的一种杂院住宅）。因住宅都是木建筑，且多相连在一起，火灾极易蔓延。江户城大小火灾不断，甚至产生了"火事（かじ）と喧嘩（けんか）は江戸（えど）の花（はな）"（火灾和打架是江户两大景观）这样的俗语。

江户的武家町

江户深川的长屋

但如此大的城市却很少发生传染性疾病，这归功于设计良好的卫生系统[1]。建城时建造了"神田上水"工程，从外面引来水道，到江户城里改为地下石质管线。这一水源受到严格管理。后来又增加了其他上水工程，统称"江户六上水"，解决了居民的用水问题。关于生活废弃物，幕府公布了垃圾处理令，所有垃圾送到专门岛屿统一处理。排泄物则人工收集处理，成为农村宝贵的肥料。

这一时期乡村居民的住居是什么样的呢？江户时代民家规模明显增大。各地产生了适合各自风土的样式[2]，墙壁既有土墙，也有茅草墙，屋顶多为茅草苫盖。屋顶分成几种基本形式，反映了人们对当地雨水、风向、雪量等自然条件的考虑。

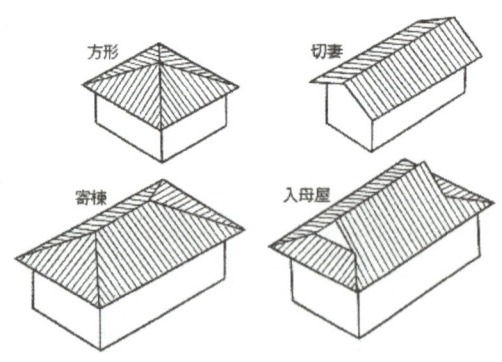

ほうけい
方形（攒尖式）
きりづま
切妻（悬山式）
よせむね
寄棟（四坡式）
いりもや
入母屋（歇山式）

民居屋顶的几种样式

---

[1] 陈杰. 江户幕府［M］. 陕西人民出版社，2013：151.
[2] 稻叶和也、中山繁信. 图说日本住居生活史［M］. 清华大学出版社，2010：112.

# 建筑的西化及防火防震

1868年明治维新,从此日本高举西化大旗,从物质到制度,积极从西方引入先进文明。建筑作为近代化象征,很早就被引入进来,政府的办公机构以及权贵的宅邸率先建造成西式建筑,后来工厂、仓库、学校、富裕阶层也纷纷仿效。

西式生活不仅包括建筑,还有电灯、电话、自来水、椅子和床等西式家具、明亮的西式厨房等,这些都被引入上层社会,再逐渐渗透到民众的生活中。

作为国家迎宾馆的鹿鸣馆

相对于日本传统木结构房屋的易燃性，砖、石、钢骨、混凝土等西式建筑材料具有牢固坚实的优点，人们认为普及这些材料是抗震和防火的良方。当时的繁华街银座就大多是采用砖、石材料建造的。然而，1923年东京大地震彻底改变了这一认识。地震中砖石建造的承重墙无法抗震，倒塌后对生命造成了比木建筑更大的伤害，钢骨为主的建筑也出现裂缝，而钢筋混凝土却表现出足够的抗震性，还能有效地对抗火灾。于是在大地震后的复兴建设中，政府开始大力推动建筑的钢筋混凝土化。

值得一提的是，日本建筑家内藤多仲发明的抗震壁经受住了大地震的考验，而且成本低，所以日本的抗震结构就逐渐采用了钢筋混凝土中加入抗震壁的做法，并沿用至今。

此时，防火也有了新对策。由于木造房屋一有火灾就容易迅速扩大，江户时代消防员的拿手绝活就是快速拆房子，以阻挡火势蔓延。但这招治标不治本。经过实验，专家发现木建筑如果用泥土、灰浆、金属板等包裹就不易燃烧。1920年，政府公布了准防火制度，强制木建筑表面要涂以防火的灰浆等材料。这一制度彻底改变了日本很久以前一直延续下来的木造城市的面貌。

建造西式建筑之风起于明治时代，而在大正时代开始应用于城市普通民众的住宅改造。其代表性事件是推进民众住宅改造事业的政府外围机构——同润会的成立。它成立于1924年，正是关东大地震发生的第二年，以各国捐的地震灾款为资金，开始积极推动市内贫民窟改造。在东京、大阪等大城市，劳动者大多居住在传统的木质长屋住宅内，居住环境随人口激增而变得更加狭窄，是火灾、地震时的重灾区。同润会人士抱着改良社会的积极宗旨，用钢筋混凝土造的集合住宅样式代替木质长屋，还特地设计了宽阔的走廊，为手工业者提供家庭手工场所，设置了包括儿童福利、医疗在内的福利中心。虽然最终同润会推动建设的民众住宅只有16处，但具有重要的历史意义。它是政府尝试为民众提供住宅的起始，为"二战"后"团地"住宅建设提供了直接经验，且标志着日本近代社会改良进程已深入到普通民众层面。

# 日本人的住宅是"别墅"还是"兔子屋"?

## 日本人大多住在别墅里吗?

《哆啦A梦》《樱桃小丸子》是很多人熟知的日本动画片,其中孩子们的家都是沿着一条小路并排建的二层独栋住宅,院子很小。这种风景其实是日本20世纪六七十年代人们生活的真实写照。现在大城市里也到处可见这种住宅。

这种独栋住宅形式在高楼林立的中国大城市中几乎已经绝迹,所以在中国城市居民心目中简直等同于别墅,只有有钱人才住得起。其实这是一种日本传统的木结构住宅形式,日文写作"一戸建て"。

以下是日本目前主要的三种住宅形式:

独栋住宅(一戸建て)　　普通公寓(アパート)　　公寓(マンション)

日本现代主要的三种住宅形式

为什么在寸土寸金的大城市里会有独栋住宅大量存在呢？其实，一个很重要的原因就是土地政策。在日本，土地是私有的，一旦个人买到一块土地，就永远归他所有。一个极端的例子就是东京成田机场建造时曾动迁附近居民，但有几户坚持不搬走，政府没办法，只好绕开这几户住宅。为了不影响这几户居民休息，夜里飞机航班的起降也受到限制。在个人拥有土地所有权的前提下，政府的开发集团和民间的开发商很难通过拆迁顺利获得大片住宅用地，所以一般新开发的住宅小区或位于郊区，或规模较小。

还有一个重要原因，日本是个地震多发的国家，这种低层住宅更为安全。木结构比较轻，不容易造成大的损害，楼层矮也便于逃生。由于以上原因，独栋住宅这种形式得以延续至今。虽然钢筋混凝土防震的优点有目共睹，但成本高，一般适用于集体住宅，个人住宅还是多采用物美价廉的木结构。所以，虽然政府一直不提倡木结构，但它还是经过防火、防震等技术革新，在钢筋混凝土的大潮中坚强地生存了下来。那么在现今日本住宅形式中独栋住宅有多少呢？下面是1978—2008年日本的住宅情况统计数据：

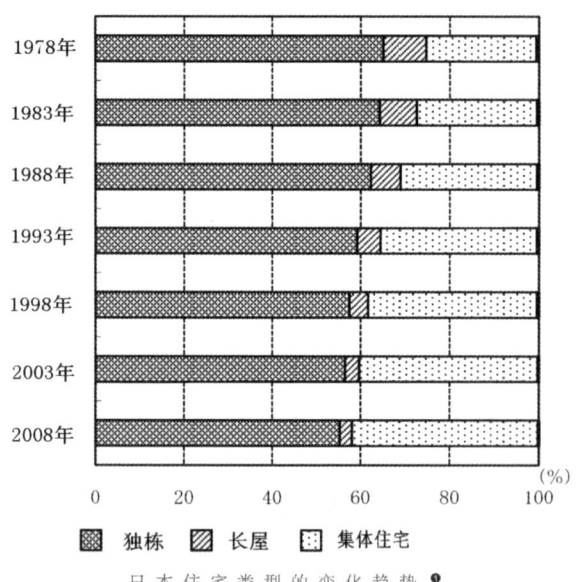

日本住宅类型的变化趋势 ❶

在2008年，独栋住宅占总体五成以上，集体住宅占41.7%。长屋这种传统集体住宅占2.7%。这一数据告诉我们，独栋住宅在日本住宅形式中所占比重超过一半，还是相当有生命力的。

---

❶ 引自日本总务省《2008年住宅与土地统计与调查》。

## 日本人的住宅是"兔子屋"吗?

曾有外国人看到日本拥挤的住宅,讽刺其为"兔子屋"。这让日本政府很受打击,开始大力推进住宅面积的改善工作。日本住宅到底是大还是小呢?这里需要看一下日本另一种主要住宅形式——集体住宅。

1945年"二战"结束后,日本国土破坏严重,原有住宅在战火中多被焚毁,住宅数量远远不能满足需求。1950年日本颁布《建筑基准法》,同年成立"住宅金融公库";1955年成立住宅公团,开始了政府主导的大规模住宅建设。到20世纪70年代完成了住宅总数约等于国民总家庭户数这一目标。❶ "团地"一词即来源于此,是指政府公团所建设的集体住宅。

在团地住宅的建设中,设计者确立了与日本传统住宅一个房间多功能的传统不同的理念,即"食寝分离",并且革命性地采用了厨房与餐厅合并在一起的设计方针。这些创意在今天看来或许一点也不新鲜,然而在当时却是划时代的改变。更加重要的是,从此这种设计彻底主导了日本住宅的室内格局,大家在日剧中看到的日本家庭多是厨房与餐厅及客厅连在一起的设计。"DK"这个概念也来源于此。

下面以常见的2LDK为例解释一下。

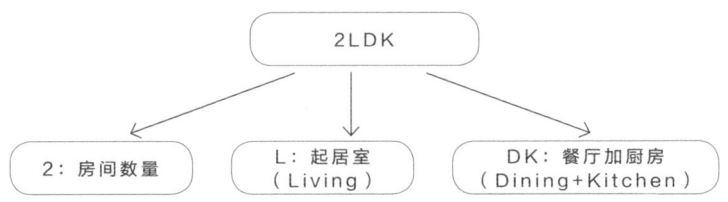

2LDK可以大致理解为两室一厅。2DK则可以理解为两居室,带一个小餐厅,连着厨房。N+LDK,以此类推。这种设计最大的优点是家人容易共处在一个空间,尤其主妇在做饭的同时视线能看到孩子,有利于安全。而且,厨房到餐厅的距离比较短,减少劳力。

话说回来,日本的住宅到底是不是像"兔子屋"一样狭小呢?首先看团地住宅,由于它产生的背景,大多以40~90平方米的小户型为主。再看大城市中心区为数不少的独栋住宅,因为寸土寸金,所以面积也不大。看来这种形容似乎也不为过。不过这种说法已经

---

❶ 吴东航,章林伟. 日本住宅建设与产业化 [M]. 中国建筑工业出版社,2009.

是 30 多年前的事了，随着新公寓的兴建，老团地居民为改善居住条件而迁出，郊区卫星城的建设对大城市人口的分流作用明显，情况已有很大改变。

实际日本的人均居住面积与欧美比较结果如何呢？下面是三井不动产对 2008 年前后的数据进行的比较研究。

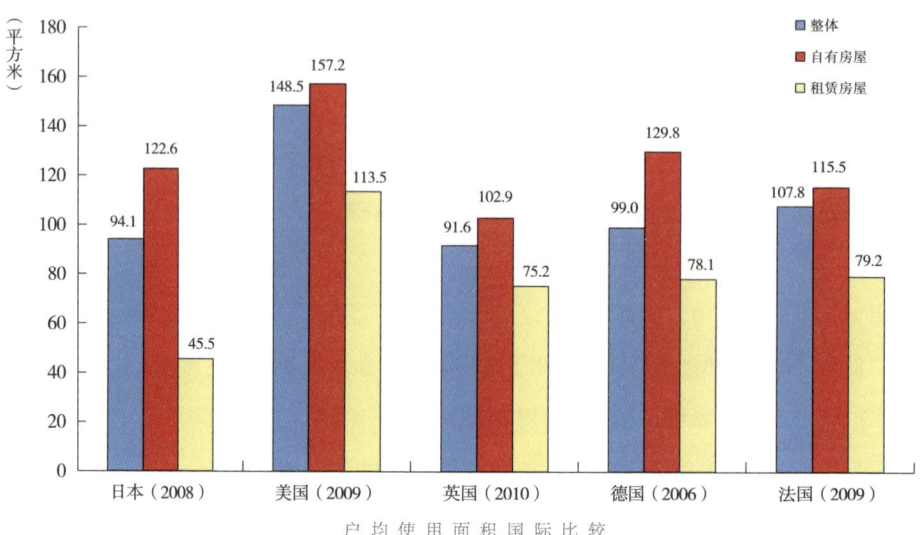

户均使用面积国际比较

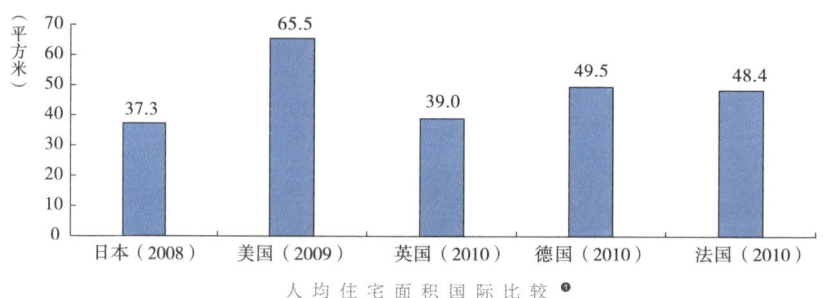

人均住宅面积国际比较 ❶

从图中可以看出，日本户均居住面积只比美国和德国低，与其他欧洲国家大致相当。但人均居住面积在上述几个发达国家中要偏低些。

回顾日本建筑的历史发展脉络，与日本其他文化一样，走过了积极吸收外界文化，再孕育出自己风格的这一过程。这一历程大致以明治维新为界，分为至江户时代为止的古代与近现代这两个阶段。

---

❶ 引自三井不动产 http://www.mitsuifudosan.co.jp/realestate_statics/download/fudosantokei_35_7_1.pdf

第一个阶段，日本在飞鸟、奈良、平安时代受朝鲜半岛、中国的影响后，原有的建筑技术和风格获得很大发展，其后逐渐演化出有自己独特风格的建筑样式。第二个阶段，19世纪明治维新后，积极学习欧美建筑手法与样式并消化吸收，一直持续至今。

自古代学习中华文明，千年以后，伊势神宫这样的本土建筑样式依然延续着20年一重建的古老习惯；西化近150年后的今天，铺着榻榻米的和室在西式生活的包围圈中依然存在。这些表现与日本人面对外国先进文化时的"自我意识"极其相似，无论形式上如何学习对方，精神上的内核还是日本式的。

# 外来的和尚会念经:屋顶上"钟馗像"与"鬼瓦"的对决

屋舍上的钟馗像

漫步在京都或近畿一带的街头，如果你留意就会发现，一些屋舍的房檐上会有一尊小小的瓦制钟馗像矗立在那里。这些钟馗像虽姿态各异，但几乎都是豹头虎额、铁面环眼、络腮胡须的模样。尽管谈不上制作精美，但饶有趣味，古韵颇丰。

提到钟馗，可以说这是一位在中国家喻户晓的人物。传说他是一位赐福、镇宅的圣君。笔者对于他老人家的最初印象，还是儿时过年贴在墙上的年画里的形象。关于他的来历，在中国有着众多说法。据考证，钟馗一名最早见于《唐逸史》。话说唐明皇病中梦见小鬼偷去玉笛和杨贵妃的绣番囊，正要发怒时，只见一满面虬髯的大鬼，挖下那飞贼小鬼的眼珠吞将下去。此鬼自称南山钟馗，唐武德年间（618—626）应考武举人，但因其貌不扬而落第，羞愤之余，撞殿前石阶而亡。蒙唐高祖垂爱，赐绿袍陪葬。钟馗化鬼后，誓要为大唐斩妖除魔。唐明皇醒后，其病不药而愈，遂向吴道子忆述梦中所见，并命其绘出钟馗像，颁布天下。于是，坊间开始有挂钟馗画像驱鬼避邪的习俗。还有一种说法是，传说钟馗是

各种安置于屋舍房檐处的瓦制钟馗像

由逐鬼法器"终葵"而来。"终葵"乃逐鬼之物,被取为人名作辟邪之用。在这一版说法中,称钟馗形象是由上古大傩中的面具形象演变而来。《左传·定公四年》记录商朝遗民七族的文字中,就出现过"终葵氏",其中的终葵即为"椎"的分解音,终葵氏即以椎驱鬼之氏族之意。后世遂以"终葵"为辟邪之意,而后逐渐演变为"钟葵""钟馗"。第三个版本出自明代名医李时珍所著的《本草纲目》。《本草纲目》有云:"钟馗,菌名也。"而后的《考工记》中注曰:"'终葵',椎名也。菌似椎形,椎以菌形,故得同称。好事者因作钟馗传,言是未及第进士能啖鬼,遂成故事,不知其讹矣。"也就是说,李时珍认为钟馗原是一种菌类植物的名称,因为传说才成为了一位神明。

据说钟馗他老人家在日本的主要工作职能,与在中国时并无不同,仍是操驱魔除妖的主业。不过,远渡来到日本后,还干起了疗治疱疮和成就他人学业的副业。那么,为什么在京都一带的家宅屋舍上会有如此之多的钟馗像呢?说来这与日本人的一个生活习俗有关。都说日本是个盛产"妖怪"的国家,在传统的神道信仰中,人们认为世间万物处处都有神灵寄宿。那么古代日本人出于避邪、防灾的考虑,在建房时,往往会将"鬼瓦"(烧有"鬼"图案的瓦)安装在屋顶四角。据《街谈文文集要》(石塚丰芥子著,成书于文政年

鬼 瓦

钟馗捉鬼（歌川国芳画）　　《新形三十六怪撰》之钟馗梦中捉鬼（月冈芳年画）

间）记载，文政二年（1819）的夏天，在京都三条附近，开了一家很气派的药铺，药铺的屋顶用"鬼瓦"进行了修葺。没过多久，住在药铺对面的妇人莫名其妙地就病倒了。大家猜测，这可能与药铺屋顶上的"鬼瓦"有关，是"鬼瓦"将那些不洁、污秽之物驱赶到了对面的住家。于是，那个住家的主人想到了会降魔除妖的钟馗，便拜托一家制瓦店烧制出了钟馗像，矗立在自家屋顶。不久，那妇人的病便不治自愈了。从那以后，在京都，凡是有用"鬼瓦"修葺的房屋对面，都会树立一座钟馗像。久而久之，京都的家家户户为保自家平安，几乎都将钟馗像请到了屋顶上。当然，现如今用瓦片修葺屋顶的房子越来越少了，钟馗他老人家也很自然地从屋顶被请到了住家的玄关处。

其实，在日本，对钟馗的信仰远远不止这些。在爱媛县松山市，就有一座名为"钟馗寺"的寺庙。据说这是日本钟馗信仰的本坛。日本战国时代著名的将军斋藤朝信，因其骁勇善战，曾被人称为"越后之钟馗"。另外，日本战国时代的武将本多忠胜以及前田利家都喜欢将钟馗的画像印在战旗上。

说到钟馗画在日本的起源与流传，也是年代颇久。享和二年（1802），泷泽马琴从江户到京阪、伊势旅行时，撰写了一部名为《羁旅漫录》的游记。其中写道：

「遠州より三州のあひだ人家の戸守りはことごとく鍾馗なり、かたはらに山伏某とし

《钟馗骑狮图》肉笔画（纸本著色）（葛饰北斋画）。藏于东京都出光美术馆

るしたるもあり」。（中译：自远州至三州一带，近乎家家户户都设有钟馗像，山伏们❶也会随身带着钟馗像。）

此外，喜多村信节所著的《嬉游笑览》（1830）中也有记载：

「……今も尾張熱田の民家にみなこの画像を戸に押す」。（……如今，尾张热田一带的民家，近乎家家户户都在门户上贴有钟馗像。）

这两段文字都传达出这样一个信息，曾经在日本的远州、三州、尾张一带，钟馗信仰极为普遍。为祛除疫病，家家户户都有将画有钟馗形象的画纸，类似于我们的年画的东西，贴在门上的习俗。

另外，据泷泽马琴的记述，山伏也会一边售卖钟馗画，一边行路。据泽田四郎所著的《看守门户的钟馗》（日文：『戸守りの鍾馗』）记载，昭和四十年（1965）前后，日本大阪一带，在参拜吾彦山大圣观音的路上，他曾遇到过山伏装束的男子在兜售钟馗画。其实直到今天，在参拜吾彦山大圣观音时，我们偶尔也能遇到这一情景。

---

❶ 指山岳信仰者、在山中进行修炼与苦行的修验道的实践者。

# 说说澡堂子里的门道

"周末，我们去箱根泡个温泉吧！"

"毕业了，我们去道后来场温泉旅行怎么样？"

"这次社员旅行，我们去油布院的温泉街吧，听说那里的怀石料理也很赞哦！"

……

泡温泉，绝对是日本人生活中不可或缺的一部分。日本人有事没事就要去泡个温泉，估计如果条件允许，他们恨不得早、中、晚都泡在温泉里吧。套用时下一句流行语：对于日本人来说，没有什么烦心事是泡一次温泉解决不了的。

日本人喜欢泡温泉时无拘无束的舒适放松感，脱去象征身份的衣着服饰，每个人都回归到平等的状态。浴友们在澡堂里"坦诚以对"，也是一种特殊的"社交活动"。在暖暖的温泉水包裹下，瞬间就去除了疲劳，放松了身心，还滋润了肌肤，燃脂瘦身……真可谓好处多多。

日本人如此热爱泡温泉这件事，自然也是要有天时、地利的支持。频繁的地壳运动造就了日本星罗棋布的温泉，从海上小岛到山中秘境，处处都有可养颜、健身的"泡汤"（日文中"汤"即是温泉的意思，"泡汤"就是"可泡澡的温泉"的意思）或各式观赏性温泉。据说，日本从北到南约有2600多座温泉，有7.5万家温泉旅馆。每年日本约有1.1亿人次使用温泉，这个数字相当于日本的总人口数。所以，人们赋予日本"温泉王国"的美誉，也是名副其实的了。那么，日本人是如何界定"温泉"的呢？日本昭和二十三年制定了一部《温泉法》，其中对于温泉给出了很明确的解释：温泉，即从地下涌出时水温在25℃以上或者在1千克的泉水中含有一定量的规定矿物成分的泉水。在温泉中又分出34℃以下的低温泉，34℃以上 42℃以下的中温泉，以及 42℃以上的高温泉。

如此丰富的温泉资源，自然也造就了日本人泡温泉的悠久历史。早在《古事记》《日本书纪》等古老的历史文献中就有关于天皇泡温泉的详尽描述，这说明至少在 7、8 世纪时，日本人就已经学会了利用温泉。到了奈良时代，由于佛教的传入，各地开始大肆兴建寺庙。就在那时，温泉与宗教产生了很深的渊源联系。当时寺院里的僧侣们要清心净身，必须用温泉来沐浴，这一富有宗教意义的活动直接促进了当时温泉的开发，使得寺院中的沐浴设施日趋完善，也是在那时人们日渐发现了温泉的治疗作用。

平安时代的《万叶集》中关于神奈川县的汤河原温泉、长野县的上山田温泉的记载，说明了当时日本东部的温泉也得到了开发。当时，温泉被贵族和僧侣们用作休闲、治疗以及宗教活动的场所。而大多数日本人还是在溪中、河里洗澡，一般人家中也并无洗澡间。到了镰仓时代，源赖朝将首都从京都搬到了镰仓，东海、东北、甲信等地的温泉也开始出现在史料文献中，其主要内容记述了当时患病的僧侣们为了治疗而出发去各地温泉的情形。在室町时代，温泉成为达官贵人等的休闲娱乐场所，依旧没有对一般民众开放。到了安土桃山时代，温泉已经很广泛地用于负伤士兵的治疗，尤其是在甲州和信州，武田信玄以及

京都禅林寺内的浴室

垢尝　引自鸟山石燕的《画图百鬼夜行》

真田幸村等战国武将们都有自己的"秘汤"。到了江户时代，由于医学尚未十分发达，人们对温泉的医疗效果倍加重视，也由此温泉得到了更大程度上的开发。这一时期，不光将军、名流间盛行温泉治疗，一般民众也开始享受温泉。

自从温泉的"恩泽"渗入寻常百姓的生活，坊间就开始有了许多关于"澡堂子"的趣闻逸事。江户时代一位著名的浮世绘画家鸟山石燕，就为我们描绘了这样一只从澡堂子里走出来的"垢尝"妖。它完全是配合着"江户子"（东京人的旧称）生活方式的改变而诞生的，有关它的故事全部都集结在了"澡堂子"这个极富日本传统味道的地方。

澡堂子，日文叫作"钱汤"，京都、大阪地区至今还流传着其最初的叫法——"风吕屋"，而江户时代的东京则习惯地称其为"汤屋"。宫崎骏执导的动画电影《千与千寻》中的澡堂，据说就是以东京一地的"汤屋"为原型创作的。关于日文中澡堂子叫法的差异最初是缘于不同的洗浴方式。"风吕屋"是一种蒸汽洗浴的方式，人被关坐在一个狭小的木屋里（见上页图），使用沸水产生的蒸汽将身上的污垢蒸发出来，有点类似于我们现在流行的桑拿浴形式。这种洗浴方法最早流行于日本的寺院。早在奈良、平安时代，日本大小寺院中就已设有专供僧尼净身沐浴的"汤堂""浴堂"。究其缘由，主要还是与佛教信仰脱不开关系。佛教认为，沐浴有着祛病祈福的重大功效。而为了发挥其更大的医药功能，当时人们还会在沸水中加入不少草药。也正是因为这一医疗保健作用，很快这种沐浴方式就被身处上流社会的公家、武家们所接受。另外，出于普度众生的目的，当时的寺院还会以"施浴"的名义，向普通民众开放"浴堂"。既然是"施浴"，自然也就是免费的喽，当然也就更谈不上"钱汤"这个概念。不过，到了镰仓时代之后，庄园制❶日渐崩溃，这一"施浴"善举也渐渐沾染上一股铜臭的味道，"钱汤"的概念由此产生。到了室町时代，京都城里以"风吕屋"这一洗浴方式为主流的"钱汤"如雨后春笋般冒了出来。与原本人们热衷洗浴的初衷渐行渐远，宗教的味道逐渐淡薄，大家更多地将关注点投向了其娱乐性、卫生环境等方面。

接下来，我们再来说说"汤屋"。与"风吕屋"不同，"汤屋"是地地道道的现代洗浴方式，即水浴法。它是江户时代之后才开始流行起来的，不过，也是经历了一番波折变化，逐渐由"风吕屋"的形式演变发展而来。

1591年，从一个叫作伊势与一的人在城中开的第一家"钱汤"店开始，整个江户时期，整个江户城中都弥漫着一股泡汤的味道。城中的大街小巷都遍布澡堂子，且家家都门庭若市，生意红火得一塌糊涂。那么，这澡堂子里究竟有何魅力，让江户子如此痴迷于它？想必除了气候多湿这个众所周知的理由外，还有一些不为人知的内幕吧。

的确是这样，当时代的步伐迈入江户时代之后，洗浴这一民俗出现了全民参与盛况。在江户城初建之时，城中大兴土木，产生了许多需要出卖体力的活计，也集结了来自全国各地的能工巧匠。这些工作大多是又脏又累。况且就江户一地的土质而言，是由富士山火山灰堆积而成的黏土，很容易扬起尘沙。对于生活在此的百姓而言，成日里尘土飞扬，"沙尘暴"的天气那是常有的事。特别是在闷热多湿的夏季，汗液与尘土混合在一起，不到一天的工夫，就像是裹了一层黄豆面似的脏得不堪入目了。自然，收工之后，从事户外劳作的匠人们需要一个休养生息的地方，澡堂子便成为他们的不二选择。日本人沐浴时喜欢超高的水温，要有40℃以上。或许这一传统就是源发于此吧，据说江户澡堂子里的水温更是高得惊人，差不多接近50℃的高温。而对于成日里在外作业的体力劳动者而言，超高的水温不仅可以在冬日里防寒，夏日里防暑，恰恰还是消除疲惫的良方。

除此之外，对于当时的江户子而言，澡堂子还是一个重要的社交场所。边泡汤边聊天，

---

❶ 庄园制，是指8—16世纪，从律令制时期土地国有制到大名领国制的中间形态的经济制度，后经丰臣秀吉的太阁检地，庄园制完全消失。

钱汤的石榴口（鸟居）

鸟居清长❶《女汤图》

---

❶ 鸟居清长（1752—1815），江户时代浮世绘画师。鸟居派第四代继承人。他与铃木春信、喜多川歌麿、东洲斋写乐、葛饰北斋、歌川广重并列为"浮世绘六大家"。

似乎在日本人眼中，这种赤条条的交流方式是最为平等、坦诚的，它去掉了平日里所有的掩饰与遮盖。而商家为了最大限度地满足浴客们"侃大山"的欲望，甚至还在澡堂二楼为沐浴后的男宾客们开辟了一个"专区"，在这里客人们可以一边享受着商家提供的梳头服务，一边畅所欲言。由此，这里也就成为包括下级武士在内的平民百姓最钟情的地方，往往沐浴后都聚集于此天南地北聊个痛快，方肯离开。每天泡泡汤，俨然成为当时江户子集体生活的一种仪式。台湾女作家张晓风曾说过："如果你看到一堆人挤在一起，抢一只橄榄球，他们是美国人。如果你看到一堆人又挤又打抢着付款，他们是中国人。如果你看到一堆人在一起洗澡，那么，他们是日本人。"从某种意义上讲，"钱汤"不仅仅是一种集体生活的仪式，其重要性或许不亚于庄严的神社，它是日本民众进行日常交流和精神沟通的重要场所❶，人们从中获取到不可取代的乐趣。

不过，就当时"钱汤"的构造而言，还真是不敢恭维，存在着很多不甚合理的地方。譬如，当时所有的浴场都设有一个被称作"石榴口"（见上页图）的大门，进入室内必须穿过此处。这是一扇将门框设计得十分低矮的大门，往往被刷成红色，看上去有点神社里"鸟居"的味道。据说这是因为最初所请的设计师来自于寺庙、神社的缘故。而将这扇门设计得如此低矮，大概是出于防止浴池里的蒸汽向外扩散这一目的吧。也正因如此，室内的光线昏暗之极，再加之水雾弥漫，根本就搞不清来者何人。于是聪明的江户子创作出一套极具趣味感的澡堂礼仪。每每有人从"石榴口"进来时，都会礼貌地道上一声："冷えものでございます"，意思是说"不好意思，有冷的东西进来了啊"。当然，光线昏暗造成的不便还不仅如此，卫生问题更堪忧。当时的"汤屋"一般营业时间都要从早上一直开到晚上八九点钟，一天到晚迎来送往，如此之多的浴客，再加之室内光线昏暗，必定存在着不少卫生死角。而且，据说一些唯利是图的"汤屋"店主，还会在"石榴口"处安置一套设备，用以回收再利用客人们用过一次的洗澡水。

或许正是出于这一担忧，江户子们一边泡着汤，一边在脑海里构想出这么一只小妖，相貌丑陋、龌龊，常年寄居在澡堂子里，以舔舐浴池里的污垢谋生。虽说这只小妖日日与那些酷爱洗澡的江户子们相伴左右，却从未现过真身。故此，对于从未见识过其"庐山真面目"的江户子而言，每每谈及这只小妖时，总是会显得有些生疏，生疏到无法准确地勾勒出它的外貌，无法准确地说出它的斑斑劣行。大家对它的意象大多还是来自那张薄薄的

---

❶ 杜海怀. 浅谈日本澡堂文化 [J]. 牡丹江大学学报，2009（11）.

浮世绘画纸，上面勾勒着画师们脑海中的"垢尝"妖。通过画纸的展示，这只既熟悉又陌生的妖怪被具体化、定型化，由此也产生出更为明确的恐怖感。

无论是在它的原创——鸟山先生的笔下，还是后来者的再创作（诸如歌川芳员的"阴暗角落里的垢尝妖"（见下图），"贪婪"似乎成了"垢尝"留给人们最直观，也是最深刻的印象。蓬头垢面、伸着贪婪的长舌，让人望而生厌。不过，也有人说，"垢尝"妖是一只看似龌龊，实际却无比纯洁的小妖。或许最初这只小妖的诞生，只不过是浴客们用来提醒店家注意浴室卫生的一种手段而已。但逐渐地，人们在它身上赋予了更多具有精神内涵的东西。受到神道教以及佛教观念的影响，日本人认为沐浴这一行为，所洗去的不仅仅是人们身体上的污垢，更多的是心灵中的污秽与不洁。人们从洗浴中所获得的身心愉悦也正是缘于此信念。那么，从这一层面上讲，"垢尝"所舔舐的不仅仅是物化了的污垢，更是人们通过沐浴的方式所洗去的千般烦恼与无尽的贪欲。更确切地讲，"垢尝"实际上是一只寄居在人们心底里的"妖"，是人们对"洁净"极致追求的表现。这里所说的"洁净"，表面上是对外在环境

歌川芳员《百种怪谈妖物双六》之
"阴暗角落里的垢尝妖"

舒适卫生的苛求，而从深层次去探究，则是指人们在努力维护着内心深处的一方净土。由此说来，"垢尝"应该是一只驱使人们去追求内心洁静、安宁的好妖、益妖才是。

话又说回来，当时的江户子们也不是人人都有这份觉悟，将洗澡这一稀松平常的行为上升到如此高雅的思想境地。对"垢尝"心生厌恶的人士不在少数。也正是出于这份厌恶之心，产生了一个意想不到的效应。人们为了尽可能地避免与这只龌龊小妖见面，开始渐渐意识到清洁浴池、浴桶的必要性。也由此，江户末期大大小小的"汤屋"里，开始出现了一种新的职业，即"汤女""三助"。他们负责浴客洗澡过程的所有服务：从准备燃料，到为客人搓背，再到最后浴室的收拾、设施的整理。在日本的澡堂文化中，他们扮演着十分重要的角色。

也不知鸟山先生在初创"垢尝"时，是否也意识到了上述如此之深的精神内涵。不过，"垢尝"妖背后所潜藏着的这些意念，确实存在着某种对现实社会的启示作用。讲到这里，倒是不禁让我联想到了另一位大师的作品。他也是以"汤屋"为背景，讲述了一名少女在异界的奇妙经历，在那里演绎着从"贪婪无尽""迷失自我"到"自我救赎"的过程。这就是宫崎骏的动画电影《千与千寻》。每每观影，片中一只被称作"无面人"的神秘孤独鬼，总能在心底拨动一丝涟漪，不禁将其与鸟山笔下的"垢尝"联系在一起。的确，它们之间有着诸多共性的元素，比如，在妖界，它们都是无名鼠辈。莫说天狗、雷神这样的"重量级"鬼怪，就连付丧神这种"轻量级"小妖，都会让它们望尘莫及。身份的确定就是一个极其重要的问题。它们究竟是从何处幻化而来，又因何故遁入妖界，无源可溯，无人知晓。在鸟山以及歌川的作品中，对"垢尝"的出处只字未提。而与"垢尝"一样，《千与千寻》中的"无面人"也是个神秘角色，因为无人知晓它的确切身份，以至被塑造成全身素黑的模样，叫它"无面人"也只是无法称呼而迫不得已的办法。从某种意义上讲，它甚至比"垢尝"还要可悲，可悲到连一张面孔，这个最直接地能被人辨识身份的标志都没有。澡堂子里的"独行侠"，这是它们的又一共性。独来独往，神出鬼没，都是"汤屋"里的不速之客。再有，就是贪婪的"吃相"成为揭露它们本质的共通点。虽然是被浮世绘画纸静态化了的"垢尝"妖，但它那条令人生厌的长舌，很容易让人想象出它舔舐污垢时的贪婪嘴脸。而"无面人"也是在影片中不停地大吃特吃，身体也随之由半透明逐渐变得轮廓清晰。在宫崎骏的眼中，这一由虚到实的转变被看作"无面人"从自我迷失到贪婪无尽的演变。在它身上，既具有"垢尝"的贪婪，也同样拥有唤醒人心的作用。当它吞下河神丸之后，不停地吐出所有吞食的东西，它又变回了模糊黑影的形象。这似乎在预示着它完成了自我救赎，放下了贪婪的欲望。很多人都说，宫崎骏的作品只为唤醒人们心灵中某些被尘封多年或是被遗失、腐化了的十足珍贵的东西。就笔者的理解，"无面人"就是宫崎骏这位心灵唤醒大师心目中的"垢尝"妖，是宫崎骏对"垢尝"妖的现代版诠释。

如果你也是一个善于察觉、善于思考的人，那么很轻易就会发现，像你我这样，生活在世间、自认为心智成熟的成年人，并非都活得那么纯粹，也更不是什么一尘不染的心灵居士，我们有时也会在压力与诱惑下，患得患失，利欲熏心。不仅要吃得鱼儿，还要将熊掌收入囊中。兼得了二者，还要占拥其中的极品。在这无止境的利益追求之中，逐渐迷失了自我，变得贪婪无比。在现实世界中，或许我们就是那个"无面人"，在你我心中可能也都寄居着"垢尝"这样一只小妖。它们就是这样悄然地跻身在我们生活的细节之中，在不经意间荡涤着我们心中的污垢，以保留住那颗不觊觎权势、不贪图显贵的淡然之心。

如今，"汤屋"俨然成为体验日本传统文化的一道风景。可欣赏这道风景的同时，我们是否意识到了"垢尝"这只小妖的存在呢！你又可知，它已然穿越了时空，隐藏在了"汤屋"这个小小的地方，依旧操持着舔舐"污垢"的老本行，时刻警醒着身为现代人的我们要自省其身，以净心灵。

尽管日本的温泉遍地都是，但毕竟大多数人无法日日享用。于是，日本人便把对泡澡的那份热情带回了家。虽然没有"大汤屋"的历史悠久，但住宅中的家用小浴室在日本出现得并不算晚。但是出于对"火"的忌惮，再加之住家空间的局限，最初能拥有家庭"浴

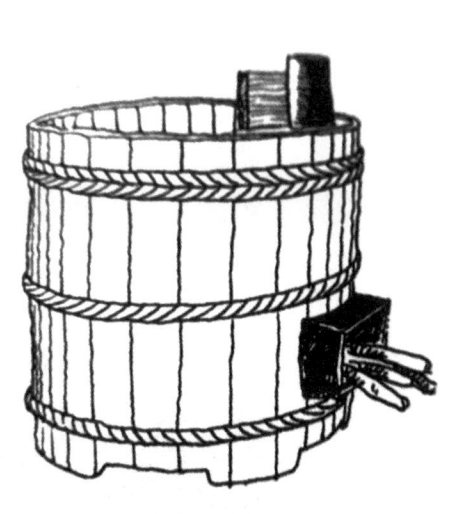

铁炮风吕

五右卫门风吕

室"的,也只限于贵族和武士家。即便是到了室町、江户时代,也不过是扩展到了一些富足的商人家里。不过虽说是"浴室",在明治维新之前的日本,也只不过是一个能容下一人大小的木桶,木桶下安放一个加热用的小灶。关于这种桶浴式的"小浴室",各地叫法不一,关东地区称之为"铁炮风吕",关西地区则叫它"五右卫门风吕"。既然叫法不同,自然两地间的"小浴室"也会存在着一些细微的区别。据说"铁炮风吕"是利用了一种类似于加热棒的东西来加热木桶。桶中央竖一根铁质或者铜质的空芯管子,桶底火灶里的火焰就是通过这个管子冒上来。为了防止烫伤,管子周围还会围上一圈木板。而"五右卫门风吕"则简单了许多,直接从桶底加热。关于"五右卫门风吕"的说法,据传是与大盗石川五右门有关。文禄四年(1595),大盗石川五右门在被处以"镬烹"极刑时所用的锅,就与关西地区的"风吕"形制如出一辙。不过,论其源头,恐怕还要再早上许多年。东大寺里有"铁浴盆",丰臣秀吉征伐朝鲜时将士们使用的浴盆皆为此样式。而那本有名的十返舍一九的《东海道徒步旅行记》中,喜多巴弄坏了灶引发大骚动,那灶也是这个"五右卫门风吕"。

说到"现代人常用的浴缸是何时进入日本的?"这个问题,目前还没有一个很准确的说法。不过有关专家推测,至少应该是明治维新之后的事了。有可能是那时,建设筑地宾馆(据说这是一家日本最早的西式宾馆,建于东京筑地地区的外国人居住区。)时最早使用过。

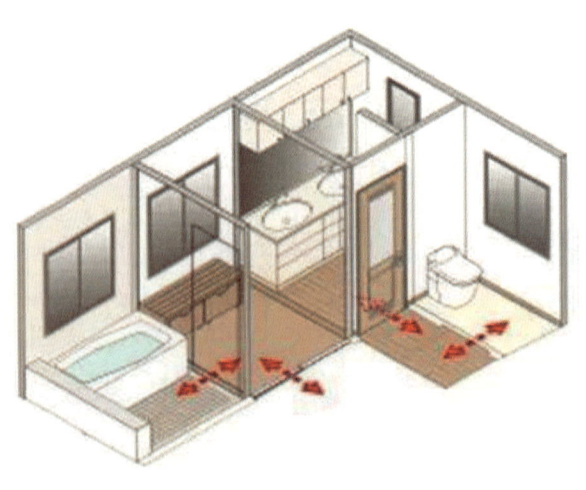

日本洗手间的格局

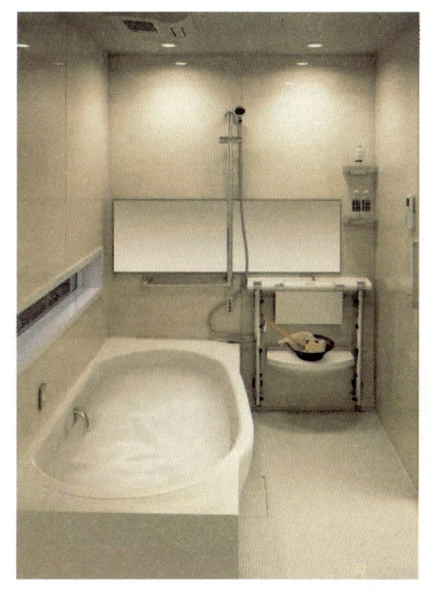 

淋浴与浴缸分离　　　　　　　　淋浴空间

而现如今，日本人把家庭泡澡这件事发挥到了极致。浴室里处处显示着日本人的细致与周到。有人说，日本的浴室是全球最棒的。那么它到底好在哪儿呢？

首先要说的就是格局。在认定厕所是不洁之地的日本，是绝不会接受浴室和厕所放在一处的。所以一般都会做到四分离：入浴、更衣＋洗衣、洗脸、如厕，在大约8平方米的空间里，做到完美的功能划分（见上页图）。在日本，洗手槽、浴缸和马桶通常是用墙分开的。这样一个人在洗手刷牙的同时，另一个人也可以洗澡或如厕，完全不互相干扰，也不会四目交接秀尴尬。

先洗净身体，再去泡澡，这是"大汤屋"里的规矩。而热衷泡澡文化的日本人，也将这一规矩带进了自家的"小浴室"里。在日本人的住家里，淋浴喷头和浴缸也是分开位置摆放的（见上图）。日本人泡澡之前是要进行淋浴的，先洗净身上的污垢再进入浴缸。淋浴是用来清洁身体的，浴缸是为了泡泡澡放松心情的。它们各司其职，寄托着日本人对"泡澡"的无限热爱。考虑到淋浴时的防水问题，浴室内的地板材质防水，排水系统畅通良好（见下页图）。地板会微微向浴缸侧倾斜以防积水，所以在浴缸前洗澡淋浴也绝对没问题。

有人说，天天泡澡，这得多费水啊！我们来看看日本人是怎样在"泡澡"和"节水"这一对"鱼"与"熊掌"之间取得均衡的吧。依旧是缘于"先洗净身体才去泡澡"的习惯，泡过澡的水不会藏污纳垢，都是十分干净的。这也意味着，多人可以共用浴缸里的泡澡水。

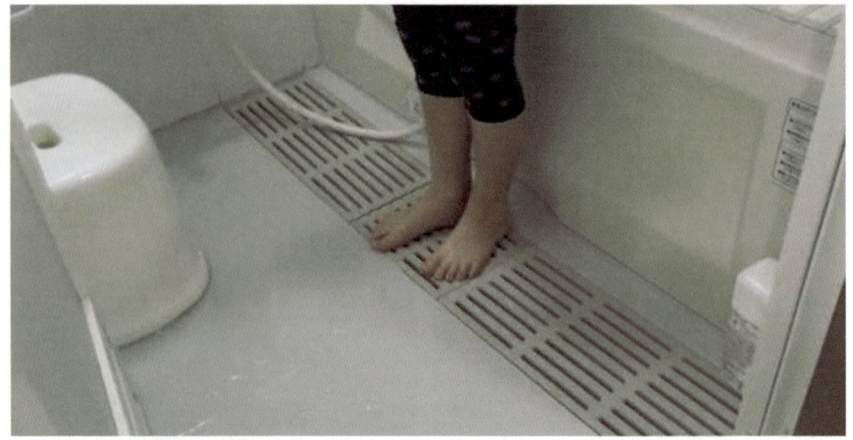

优良的排水

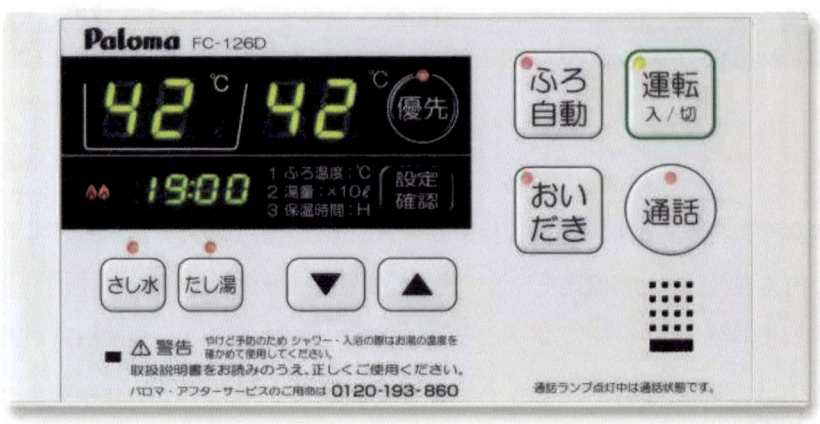

浴缸水温控制功能

浴缸上的盖子

这为爱泡澡的日本人省下了不少水费。除此之外，在喜爱泡澡的日本人家里，大家还有个心照不宣的泡澡小妙招，那就是巧用密封瓶装水。在放洗澡水的时候，他们会往浴缸中加入几个密封的瓶装水，由此可以加快提升水位，从而减少出水量。

一缸水，多人泡。为了达成这个目标，除了洁净之外，恒温也是很重要的一个条件。于是，日本人为此设计出一个高科技的电子控制板（见上页图）。它可以定时加热、自动放水、保温、调温，控制浴室空调。甚至还能在泡澡的时候和家人通话，一旦发生了危险，家人第一时间就能知道。此外，在日本住家的浴缸上，往往都会有一个可折叠的盖子（见上页图）。你可不要小看它哦！泡过澡的水在浴缸的小锅炉里过滤循环，再盖上这个盖子保持恒温，5小时水温仅仅降低2℃，完全可以供家人重复使用。更厉害的是，还有人发明了24小时浴缸，浴缸本身带有循环自净功能，不需要换水，只要通上电源，就可以无论何时，想泡就泡。笔者走访白川乡时，入住的当地人家中，用的就是这样的浴缸。

然而，日本人的节水事业还远不止于此，他们让水循环再利用的概念达到了一个极致：用特殊的水管将浴缸和洗衣机连接，泡完澡的水可以拿来洗衣服。如此一来，在泡澡水循环使用之余，清洁浴缸也变得格外省力。

最后，一定要为日本人浴室的通风装置大赞一笔。浴室因为天天都会和水打交道，所以是最容易滋生霉菌、藏污纳垢的地方。所以日本人在装修浴室之初，除了每个角落都认真做到了防水、易清理外，还十分重视安装强大的通风系统。天花板的抽风系统不但能把热水产生的蒸汽排出，即便是衣服晾在浴室也能快速干燥。洗完澡、洗完衣服再按下开关，浴室很快就能恢复干燥。

读过如上文字，你有没有被日本人如此科学的泡澡行为震惊到呢？日本向来以贴心的设计闻名，如此精致、人文的浴室，绝对是所有人的向往吧？不但省钱、省水，各种功能更让人惊叹。为了让世界更加了解日本的泡澡文化，了解泡澡的好处，前些年，日本人还提过这样一个建议：2015年7月23日，日本洗浴相关产业的负责人宣布，将为日本"泡澡"文化申请世界非物质文化遗产。为此，日本产业界还专门成立了一个"HOT JAPAN（热日本）"项目推进组织，并计划在2020年东京奥运会之前实现这一目标。小小的浴室，承载着日本人的休闲文化，日本人希望能通过它，将地域甚至整个世界联系得更为紧密。

第四篇 行走中的乐趣

# 爱旅游的江户人
## ——由来已久的出游情结

你喜欢远行吗？喜欢玩个"穿越"什么的吗？如果答案是"是"的话，那还犹豫什么，快跟我一起冲破时空的阻隔，穿越到日本的江户时代，感受一下江户人行在路上的感觉吧！

"深山寂静显空灵，红叶委地秋色深。唯有鹿鸣声声哀，催人心肝不忍闻。"这是行在路上的贵族公卿留下的一缕情愁。

"扇携富士风，送礼回江户。"这是行在路上的俳谐大师——松尾芭蕉传递给我们的旅途情趣。

"邀其爱子去远行，无尽风光在险峰。待到雨过天晴时，捷报化彩虹。"这是热爱生活的普通江户人行在路上的人生感悟。

人们怀揣着不同的梦想与心境行走在路上，同样感受着春花、夏绿、秋枫、冬雪带来的那份风雅。正是这份情怀成就了江户时代末期全民性旅游热潮的大爆发。这一"发"便不可收拾，时至今日，日本人还在继续享用着这份自然情意的滋润。而这份"享受在路上"的情致，并非一夜之间在江户民众的心中燃起。毕竟古时出游，交通不便，困难重重。那么，究竟是何时何故，在江户万民的心底种下了这样一颗"我要去远行"的不安分的种子？简断截说，一项法度成就了日本的路政交通、馆驿设施，一次参拜使民众有了出游的口实。

这项法度便是闻名武家❶的"参勤交代",它也让诸藩大名❷苦不堪言,不仅老婆、孩子被当作"挟持之器"禁锢在江户城中,大名们还要定期携带与身份相应数量的家臣武士到江户值勤,完成幕府摊派的各种任务。如此一来,疏于藩政不说,路途遥远,舟车劳顿,两地交替的"双城生活"还耗损了大量的钱财。粗略统计,各藩年财政收入的60%左右都耗费在了参勤交代上。不过,凡事都是利弊参半。这一来一往的"双城生活"倒是成就了日本的五道❸交通,全国的交通网络急速扩增,客栈云集的宿场❹小镇也初见了规模,与旅游相关的周边设施趋于完备。

话说江户幕府为图统治安稳,对民众的出行有着颇多的限制。你听说过江户城南大门的箱根关卡有这么一道铁则吗?"入境铁枪,出境女人",讲的是枪支是进关时严防的重点,绝不可带入城中。而女人更是严查的重中之重。特别是大名一系的女眷,休想由此出关。对于将军而言,这些武士家的女眷可是挟持地方诸侯最好的"武器",地方哪家大名敢举兵造反,先斩杀了你的家眷再说。为防这些城中人质逃回本藩,可是让那些看管关卡的公差煞费了脑筋。不过,对于平民百姓而言,虽然政府也下达了"不得随意出关"的指令,但监管力度却没有那么严格,也有变通之法。当时,只要说是"到伊势参拜去",便能大开绿灯,得到"通关文牒"。

于是,江户时代初、中期,前前后后出现了六七次不定期的阵发性伊势参拜热潮。这恰恰使庶民的出游成为可能,不仅在心理上极大地激发了民众的出游热情,更是在客观上做好了一切出游的准备。当时,去一趟伊势的旅费十分昂贵。拿江户至伊势这条线路为例,往返需要30天左右的时间。19世纪中叶,在旅笼屋住上一宿的费用差不多需要200文(含有早餐和晚餐)。午餐需要70~80文的样子。除了这些必要的开销外,诸如交通(渡船、乘马、坐轿等),茶屋里歇个脚、饮个茶、购个物什么的意外开销,也是旅途中在所难免的。如此算下来,一天的开销最低也得300文。仅单程15天的行程,差不多就要花费四五

---

❶ 武家指的是武士系统的家族、个人,核心就是源氏、平氏。武家最初是负责公家领地、庄园警备的家族,因为公家一直内乱,再加上武家势力不停壮大,最后实质性把握全国政权,建立幕府。
❷ 大名,是在日本室町幕府、安土桃山时代、江户幕府时期,占据一国或数国的封建武装领主。由比较大的名主一词转变而来,所谓名主就是某些土地或庄园的领主,土地较多、较大的就是大名主,简称大名。日本各个时代中大名的含义有所不同,不过一样都是统领大片领地的武装地主。
❸ 五道包括东海道、中山道、甲州道、日光街道以及奥州街道。
❹ 宿场源于自战国时代实施的传马制度。每隔一段距离设置一个宿场,以便传送公文的公差或运输军粮的队伍休憩投宿、更换马匹。而到了江户幕府三代将军时,随着参勤交代制度化,成了客栈聚集的小镇。

两银子。这是什么概念呢？当时，一碗普通的"二八荞麦面❶"的价钱是16文。一个商家下人的年薪为2两文银❷。由此看来，"到伊势参拜去"并不是简简单单只有一颗"身未动，心已远"的行者之心就能实现的。从某种意义上讲，伊势参拜也属于奢侈消费的范畴。于是乎，当时出现了一种被称作"伊势讲"的奇特组织，类似于我们现代的工会。会员交纳会费，待"融资"成功后，举行一个集体抽签活动，抽中的人便可以代表大家前往伊势神宫参拜。当然，这些"幸运儿"也背负着为大家祈福的重责。对于穷人来说，这算得上是一次隆重的旅行活动了。一生也恐怕只有这么一次机会。当然，没抽中的也并不沮丧，大有偷偷摸摸混入旅行团中，一同踏上旅途的人士。于是乎，背张铺盖卷，"赤手空拳"行遍天下的"无成本"旅行在当时也大为流行。沿途的住户人家更是大开方便之门，听说是参拜团来了，便早早备好了免费的食物和草鞋。搞不好，归途中还能来个"空手套白狼"赚上一小笔呢。呵呵！真是个令人不可思议的时代啊。

就这样，伊势神宫在1831年，迎来了它历史上最大的客流，短短不足5个月的时间，竟有427万人参拜了此地。而就江户一地的出游人数来看，一年的时间里，竟有1/3（江户人口为1800多万）的城里人有过出游的经历。

不过，时间久了，人们那颗不安分的心已经不再满足这纯粹宗教意义的旅行活动。心思活泛的庶民百姓开始借宗教参拜之名，行游山玩水之实。游览名胜，泡汤养生，以至于还有人是抱着"读万卷书，行万里路"的学习目的走出的家门。时间大多选在了农闲时节，不分男女老幼，也不管贵贱出身，纷纷踏上了属于自己的旅程。从正月到春分，路上的游客络绎不绝。

现代人的观光旅行大多离不开参神阁、泡温泉、赏美景、大购物这类套路。其实，这些早在江户时代就已经存在。无可否认，江户时的全民旅游热已然为今时今日的日本旅游业奠定了诸般发展的基石，食、宿、购、游这些具有现代感的旅游要素，早早地便在那个时代一并构齐。

## 江户人的旅途攻略

"长腰刀？换掉它！你是游山还是比武，出行切不可太过张扬！"（笔者评：有道理！）

---

❶ 日本的荞麦面有很多种类，比如温度上就有冷、热之分。在冷面中，常见的有盛荞麦、笊荞麦。这主要与盛荞麦面的容器以及蘸汁的味道有关。热面中又有狐荞麦、狸荞麦等。还有一种分法是按照其原料配比进行的，可分为二八荞麦、外二八荞麦等。所谓二八荞麦，是指小麦粉和荞麦粉按2∶8的比例做出的荞麦面。

❷ 按照当时的市值，1两文银可以换到制钱1000文左右。

"千里之行始于足下。一双合脚的草鞋很重要哦！"（笔者评：深有体会！）

"亲兄弟明算账，咱们 AA 吧！"（笔者评：原以为 AA 制是现代日本人的新规，谁曾想这也是沿袭了古时的旧习啊！）

"晕船啦！那就喝点童子尿治治吧！"（笔者评：欸！好恶心！）

"出游必备品：砚台盒、毛笔、日记本、小镜子、梳子、鬓发油、扇子、针线、提灯、蜡烛、打火石、引火木、晾衣绳、挂钩等等等等。"（笔者评：还真是心思缜密呢！）

……

你问这些都是从何知晓？说了你别意外，江户人有个爱记日记的好习惯。什么《伊势参拜日记》啊，《十六夜日记》啊，名目很是繁多。这对于识字率高得惊人的江户时代早就是不足为奇的事情了[1]。旅途中的那点事儿，都被他们仔仔细细地记录了下来。毕竟这是一生中唯一的一次长途旅行嘛。慢慢地，一些私家旅游日记被公开出版发行，成了众人热捧的出行宝典。比如像《东海道中膝栗毛》《旅行心得集》之类的，更是风靡一时的佳品名作。当时的江户人大有一本在手，走遍天下的架势。

## "11 路"——江户"驴友"最好的交通工具

> 在尘土最肆意飞扬的路上，也有对最风尘仆仆的旅人的慰藉——他时而爬上高峰，时而走入幽谷，他的双脚勾勒出的路径便是人类生活的最完美的象征。
>
> ——梭罗

我想借用《远行》的作者梭罗的朴素之词，来大赞江户时代走在路上的行者。就我看来，当时唯有贫民那最朴实的出游形式才算得上是真正意义上的旅行。无论是效命于武家，公务缠身的武士，还是迫于"参勤交代"法度的震慑定期奔赴江户的大名藩主；是出于养家糊口的生存目的，游走于城市间的街头艺人，还是追求利益最大化忙碌于乡村城镇间的商人，这些怀揣着不同目的行走在路上的人们，似乎都未曾达到过江户后期行在路上的江户庶民那份"由心而发，享受其中"的悠然心境。不紧不慢，顺应自然的旅行方式才最有情致。雨急了，避一避。风起了，歇一歇。闲庭信步，一张一弛。似乎一切都是那么的自

---

[1] 室町时代末期的日本，开始在民间流行一种被称作"寺子屋"的世俗教育形式。这项极具平民性的教育形式，大大提高了当时日本人的识字率。江户末年，单就识字率来说，全国有超过半数的男性以及 20% 的女性都能识字，作为统治阶级的武士们，识字率可达到 100%。日本作家茂吕美耶在其书《江户日本》中也曾有记述，"若只挑首都江户来看，无论是富裕商家，或是住在长屋的贫户，男女庶民的识字率，均高达 90% 以上。"

然，又似乎一切都掌控在旅人的心中。春赏花、夏纳凉、秋采枫、冬戏雪，四季的闲情雅致尽在旅人的心中。竹林青山，碧水风光，优雅细致的山谷间，流水潺潺萦绕耳畔。桥下波光粼粼，水鸟点缀其间。大自然赋予的这仿若仙境般的礼遇，成为当时庶民百姓走出家门的原动力。此时，娱乐真正成了民众热爱旅行、走在路上的终极目标。这也使得江户后期的旅游具有了相当的近代精神。四面八方的旅人走在路上，通过攀谈成为朋友，他们不自觉地承担着传播技术、工具乃至异文化交流的使命。庶民旅游的兴起，极大地促进了人和物以及文化的大交流。不断发展扩大的经济以及自由的空气也使得幕藩体制日趋崩溃。从这一层意义上讲，江户时期庶民的旅游热是日本迈向新时代的"一里冢❶"里程碑。

用现代人的眼光来看，江户全民旅游热潮中的那些行者们选择了最低碳、最环保的出行方式——徒步游。当然，这要感谢始自幕府一代将军，政府牵头、买单的五道交通修整工作。同时，还要感谢江户幕府第三代将军，他将参勤交代制度化，迫使各藩主对枝节小道进行了兴修整备。这些均为徒步旅游提供了必要的基础支持。

可别小看了江户人的脚力，比起开惯了汽车、坐惯了飞机的今人要强上百倍。在江户旅游指南《东海道中膝栗毛》中就记录了这样一则事例。说是弥次郎兵卫、喜多八二人结伴从江户日本桥出发，第一天便到了距离江户城十里半（约莫42公里）远的户塚宿。次日，此二人从户塚出发到了小田原，差不多走了40公里的路程。而第三天夜幕垂下之前，便来到了距离小田原30公里开外的箱根。倘若一位成年男子的平均步速为时速4公里的话，如此算下来，差不多每天他们要走上10多个小时。真是难以想象，这岂是严重运动不足的今人能承受得起的体力消耗！

有人说，他们怎么不选择乘轿出游呢？那多轻松、多惬意呀！可行在路上的江户人却说，乘轿出游太不划算，得不偿失。何出此言呢？想当初，在江户人的词典中肯定是没有什么"低碳""环保"的概念。有人说，那就是"囊中羞涩"的缘故。非也，非也。不能说是全部，但大多数江户人步行出游的原因并不完全是出于经济的考量。在安逸和平的江户时代，庶民中绝大多数都拥有着一份较为稳定的工作。特别是工匠、手艺人，他们的收入来源更是稳定。以一位木匠（在日本，木匠这一行当与我们略有不同，其工作范畴不仅仅是打个家具那么简单，设计、盖房才是他们的主业。）为例，月薪就有2两文银。另外，既然有了出行的打算，即便是个普通的下人，在游资方面自然也定是有备而来。租轿、渡船之类的交通费用更是计划之内的开销，还是能够负担得起的。即便如此，最令江户行者钟

---

❶ 一里冢，路程标识牌，每隔一里（四公里）搁置一块。

情的出行方式仍旧是徒步。对于大多数江户人而言，旅游出行是"一期一会"❶的事情，这大好风光怎能被那轿帘阻隔。《旅行用心集》的作者在其自序中特别指出："乘轿驾笼的出游方式岂不辜负了那大好风光。那些乘辇坐轿之人怎能体味得到依靠着自己的双脚徒步旅行的乐趣？"应该说，徒步出游已然成了江户行者间的流行时尚。

坐船？那更是万万不能的了。正所谓"欲速则不达"的道理。当时人们坐船，就跟现代人坐飞机的感觉差不多。难免遇到个什么情况就耽搁了行程。若是不赶时间，便还罢了，尚且可以坐坐船，享受一下轻舟远渡的风情。但要是时间紧、任务急，奉劝一句，还是辛苦些，选择"11路"最安心、保险。

## 驿站——行路途中的喘息地

细算算，对于江户时代喜欢徒步游的行者而言，旅途中大部分的开销都集中在了食、宿这两大项上。若是混在参拜团的队伍里，赶上沿途提供的免费餐食，解决个温饱问题，应该不在话下。所以，"住宿歇脚"便成了旅人们优先考虑的问题。

东海道关宿的本阵　歌川广重绘

---

❶ 一期一会，日语读作いちごいちえ，这是由日本茶道发展而来的词语。在茶道里，指表演茶道的人会在心里怀着"难得一面，世当珍惜"的心情来诚心礼遇面前每一位来品茶的客人。茶道中的这种无常观的心境，又被移情于其他事物中，指人的一生中可能只能和某人、某事相见一场，因而要以最好的方式对待对方。

和现在一样，江户时代的驿站旅舍也是良莠不齐，住什么档次的旅馆，要由旅人们的腰包而定。当时，既有像"本阵""协本阵"这类接待诸藩大名少则过百，多则上千的参勤交代团队的超豪华级酒店，也有面向富裕阔绰商人的"旅笼屋"。自然，没有钱却又想出游的穷人也有他们的落脚之处，被称作"木赁宿"。旅人自带米粮，自己生火做饭，只是付给店家简单的烧火做饭的木材钱即可。这也是"木赁宿"其名的由来。当时人们担心夜行山路，或是行经人烟稀少之地会发生意外，所以大多选择"朝发夕至"的行进方式。但人算不如天算，旅途中总有个突发情况，没能在暮至之前赶到下榻的旅社。没有关系，大可借宿于深山庙馆，或是体验一下民宿风情，虽然条件简陋，但毕竟无须花上半个大子，便有了一片瓦砾可以遮风挡雨。

古时的寺庙中已经有了为旅人提供休息的场所，当时被称为"宿坊"。宿坊本是专为行脚僧人提供住宿的地方。平安时代起，开始向贵族、武士以及普通的参拜者大开方便之门。经营宿坊生意的，有和尚僧侣，也有寺院周边半僧半俗的御师。

江户时代，随着伊势参拜热的到来，日本各地出现了许多宿坊寺院。参拜者要先到一个性质类似于服务处的地方，报上自己的名号、出身，然后便会被领往特定的宿坊。住宿费叫作"回向料"，金额不是由寺方决定，而是住宿者随喜奉上。听说那些发愿要周游各地参拜各寺的"遍路"可以免费住宿。渐渐地，宿坊逐渐成了观光游览的项目之一，不仅可以提供住宿，还包括钵盂供养、茶艺、拓本、禅悟道等活动。晨起时，还可以免费听住持和尚讲经说法。而今，宿坊寺院俨然成为体验日本传统文化、净化心灵的一个好去处。怎么样？对复杂的现代生活略感厌倦了的你，是否也想要尝试一次宁静的宿坊生活呢？

如上这些就是旅途中那些热爱生活的江户人的故事。他们对途中的每一个细节都兴趣盎然。他们不是哪一个知识领域的学究。他们用自己的双眼看出自然的万种风情，用自己的耳朵听到了自然的曼妙音符。这些风情与音符对于行在路上的人们而言并非难得一遇，而是比比皆是。

# 烟的旅程与极速崇拜

像火车那样足以代表20世纪文明的东西,恐怕没有了。把几百个人装在同样的箱子里蓦然地拉走,毫不留情。被装在箱子里的许多人,必须大家用同样的速度奔向同一车站,同样地熏沐蒸汽的恩泽。别人都说乘火车,我说是装进火车里。别人都说乘火车走,我说被火车搬运。再没有像火车那样蔑视个性的东西存在了……

——夏目漱石《旅馆》

这是火车最初给夏目漱石的印象。其实,夏目漱石对铁路的情感是很复杂的。14岁时,他曾眼看着东京市内新桥和日本桥间的马车铁道开通,银座大街上两千烛光的弧光灯点燃,内幸町街纯西式二层楼房鹿鸣馆建成,进化论和自由民权思想日益深入人心。坐着火车唱着近代化的歌,夏目漱石也走上了自我"革新"的道路。

穿过县界长长的隧道,便是雪国。夜空下一片白茫茫。火车在信号所前停了下来。

——川端康成《雪国》

文中的"雪国"指的是越后汤泽;"信号所"是土樽信号所,现在成了土樽火车站,平时客人不多,异常冷清,往前约十公里,便是越后汤泽站。"穿过县界长长的隧道,便是雪国。"这句"名言",现如今已然成为越后汤泽的一个符号,所有的石碑、名产、店家,都会打出这句话来做他们的名片语。

　　如上这些，都是蒸汽火车的时代留给当时人们的印象，它们被作家敏锐地捕捉，并很细腻地记录下来。铁路是近代文明的产物，学者原田胜正在《明治铁道物语》中说道："要理解铁路作为交通手段的意义，须有实际的乘车体验。"最早乘坐火车的日本人是两位渔民——中浜万次郎和浜田彦藏。19世纪四五十年代，他们先后因海难事故漂流至美国，因而有机会在美国乘坐火车。中浜万次郎在美国生活了11年。1851年，他坐船回国，担任了幕府的英语翻译。在中浜万次郎口中，叫作"railroad"的火车被形容"快如飞鸟""车厢似贵族之宅第"。1864年，最早的日文报纸《海外新闻》在横滨发行，为日本传播铁道知识起到了重要作用。

　　对于铁道迷来说，"蒸汽火车"是铁道文化不朽的代名词，它的魅力也不是其他动力火车可以替代的。我们可以从19世纪70年代的日本传统版画中看到蒸汽火车的身影。从那时开始，蒸汽火车走遍了日本的大城小镇、深山海滨。蒸汽火车的白烟也天天升起，日日袅绕。随着科技的进步，日本国营铁路的蒸汽火车在1976年正式退出了舞台。然而，结束与开始往往是同时上演的。就在蒸汽火车落幕的4个月后，日本第一条主线运行的动态保存蒸汽火车"川根路号"在大井川铁道正式上路，开启了日本蒸汽火车的复活之旅。如今，日本蒸汽火车的动态保存已经迈过了第44个年头。作为动态保存蒸汽火车的先驱，整个大井川铁道一共有5列动态保存的蒸汽火车全年无休运转，成为名副其实的蒸汽火车天堂。"阿苏BOY号"作为九州岛唯一的动态保存蒸汽火车，正行驶在丰肥主线的熊本与宫地间。它也是日本铁路现役最古老的蒸汽火车（造于1921年）。还有因参与了NHK电视连续剧《铃兰》的演出，而声名大噪的"铃兰号"，如今仍旧活跃在北海道留萌线上。据说，在2000年，全日本一共有8种形式的15列各式蒸汽火车在各地铁路线上运营。这个数字如今肯定又有了变化。这样"群车共舞"的景象，恐怕也只有在日本才得以一见。对于日本民族对某样事物特别坚守这一点，笔者一点也不意外。回到列车的原点，日本的蒸汽火车"复活"运动重新开启了"烟的旅程"，也复活了一段记忆和文明史。

　　"日本人对火车的痴迷，可从快慢两方面来说明。"一面是对慢的怀旧，一面是对快的崇拜。"日本的新干线一向以极速见称，那不仅单纯指在车速上带来的感觉，还包括附于其上的一系列仪式化的表征，为旅客提供一重奇异的乘搭经历。""新干线一直代表着日本的科技文化与日常生活的完美融合。它具备未来主义风格的车身造型，肩负不断向速度挑战的期许,加上穿州过省的迷幻风景,这些注定证明了它就是一辆时间列车。"汤祯兆❶先生说。

作为世界上第一条载客运营的高速铁路系统,日本东海道新干线已经安全行驶了近半个世纪。1964年10月1日东京奥运会举办前夕,这条凝聚着一代日本铁路人心血的高速铁路正式通车,并在运营的第二年达到了令世人羡慕的210公里时速。

---

❶ 汤祯兆(1969—),影评人及作家,香港电影评论学会会员。

# 抹不去的电车情结

清晨8时,大阪站迎来了它一天中最繁忙的时刻。人流穿梭不息,行色匆匆的乘客马不停蹄地赶赴自己要去的月台,或是赶着上班打卡,或是去另一座城市出差……当然,还有像笔者这样行在路上的甲、乙、丙、丁。

札幌站

一个普通夏日的早晨，琴平车站的月台上，二三十个穿着校服的学生三五成群地嬉笑着。这群孩子应该和笔者一样，都是来这里换乘电车的吧。笔者这个漫无目的闲逛的人，夹杂在这群计算着时间赶赴学校的学生中间，略显突兀。

2017 年初春，约莫中国农历元宵节前后，在从福冈开往长崎的 JR "博多号"上，自由席车厢里"站"无虚席。车厢里的人们谈论着长崎"中华街"上的灯会节目。"原来长崎中华街有活动啊，干脆我也去凑个热闹吧！"临时起意的笔者，还向邻座借了张活动海报，打算提前做个畅游灯会的计划。

2017 年夏，7 月里的一个周末，从札幌开往小樽的列车上，挤满（其实感觉用"塞满"这个词更为恰当）了穿着和式"浴衣"赶去小樽参加花火大会的游客。小樽这座海边小镇，虽然已经被笔者光顾过很多次，不过还从未赶上过这个阵仗，误打误撞地让笔者见识到了这座浪漫之城的另一面。

……

如上的这些情景，均是笔者眼中"电车于日本人生活"的模样。有人说，电车是日本人之足。此话绝非妄言。电车是日本人仅次于家和公司的第三个家园，它每日吞吐数千辆列车和数十万通勤的人，是一个个高频率的转换器，是城市生活的血脉，是日本的营养分子。日本人的电车情结或许就源于生活里的这些点滴。累积的记忆点多了，自然也就有了许多与电车有关的故事，其中有实有虚，但都意味深长，耐人寻味。

## 文艺作品里的"电车"们

作为一个电车文化浓郁的国家，在日本的小说、绘画、动漫、电影等文艺作品中，"电车"是不可或缺的日本元素。置身于作品中，常常会触发你作为"同情人"的感悟，勾起你对时间不可逆和空间无常性的遐想，因而投射出种种怀旧、孤独、温情、遗憾和感伤。同时，在一部好的文艺作品中，你往往还会读出些与众不同的惊喜来，这就像电车旅行一样，谁也不知道下一站会发生什么。

看看如下几个问题，你能答出几道，顺便测试下自己有没有艺术创作潜质。

问题一：你有没有在电车里上过课？告诉你，日本著名主持人黑柳彻子小时候就是这么上课的哟！她把这份童年回忆写进了《窗边的小豆豆》里：

> 小豆豆像兔子一样蹦蹦跳跳地向电车教室走去。小豆豆感觉"真特别！"行李网架、透明的车窗、干净的天花板、洁净的地板都是电车原来的样子，连沉重

的车门也是原来的。小豆豆认为：因为校园里的花草树木随风摇摆的缘故吧，所以感觉就像是电车跑了起来似的。小豆豆不知不觉地唱起了不成调曲的小快乐歌。

问题二：你有没有畅想过乘坐列车漫游银河的情景？告诉你，日本20世纪最负盛名的作家宫泽贤治在《银河铁道之夜》里就有过类似的描述。列车的乘客都是升入天堂的死者，这是一场人死后的升天之旅。

"你看不见延伸在它前面的那两条长长的轨道，你不知道它开向何方，你只是任它把你载向茫茫宇宙中的某一个点。天国到了，许多人都下车去了，哦，这时你才恍然大悟，原来等待在我们生命尽头的，竟是这样的一列飞翔在暗夜的银河列车，它会把我们一个个接到天上，让我们变成一颗颗星星，这样，我们就永生了，就能永远地从天上俯瞰大地……"

问题三：你有没有做过这样一个梦？在海中铺设一条长长的铁道，轨道浅浅地埋在海面之下，列车经过，海水被劈开，列车背后的轨道渐渐隐没在海波中。仿佛铁道被溶解了，被包容在神秘而广袤的大海中。我告诉你，宫崎骏在他的动画电影《千与千寻》里，就特别设计了这样的场景。

问题四：说到"江之电"，你会不会想到镰仓？答案十之八九都是：会的。而说到镰

江之电

仓，你又会想到什么？镰仓，是个位于日本神奈川县三浦半岛西面的小城市，美丽奇妙，气质独特。它既有浪漫美丽的海岸，又有众多神秘的神社庙宇。它孕育出了像川端康成、夏目漱石这样的大作家。有人说：镰仓才是你向往的那个日本。不是大阪，不是京都。此话虽有些武断，但也能听出说话人对镰仓的无限爱意。在去镰仓之前，笔者曾在川端康成的《千只鹤》里，漫画《灌篮高手》里，电影《海街日记》里，还有宫崎骏的动画里，无数次地与它相见。如此说来，这里绝对是个会发生许多故事的地方。镰仓最有名的景点之一就是"江之电"。"江之电"是连接镰仓站和藤泽站之间的有名电车，号称最美日本电车。电车和车道并行在海边，能够看到极美的海上风景。身临其境，即在现实里，也是很梦幻。若放在文学作品和影视世界里，便具有了一种通向未知世界的神奇作用。木心先生有诗云"帆船能驶进童话，轮船就不能"，对应到这里，应该是："电车能驶入奇幻，火车就不能。"于是，"江之电"带我们进入了宫崎骏的动画王国，带我们进入了很多青春情怀扑面的日本电影，进入了一个具有"电车符号"的日式童话世界。在电影《镰仓物语》里，电车则带我们穿越了黄泉，穿越了阴阳，来到人死亡后去到的地方。但是这个地方却一点也不恐怖，如同《寻梦环游记》里的冥界，古色古香，灯光璀璨，仿若天国。说得或许武断了些，但心里的某个地方总会传来这个声音：是电车将日本人的浪漫和情怀完美地输出给每一个关注日本文化的人，它成了驶向奇异和浪漫世界的媒介。

地铁、JR、新干线、私铁电车、城市里的路面电车，这些电车家族的"大咖们"都是日本小说、动画、电影里的常客。它们不仅仅是文艺作品里的一个背景色，更是艺术家脑中永远抹不去的电车情结。从日本铁道诞生以来的历史远观，这种电车情结似乎又是对于科技实力膜拜与依赖的一种延续，从对工业时代的震撼中产生出的诗意。因此也有人认为，从其流行文化中呈现出的，实质上是一种工业浪漫主义。

## 一个"馬"一个"尺"，念啥？

"一个'馬'一个'尺'，念个啥？"笔者常常被人问到这个问题。公布一下答案：这个字是"駅"，日文读作 eki，车站的意思，和中文的"驿"字同源。字典中解释：驿乃古时专供传递文书者或来往官吏中途住宿、补给、换马的处所。现如今，无论是日文的"駅"字，还是中文的"驿"字，都随着时代的发展变迁有了不同意义上的延展，但不变的是它们终归都没有离开"我来了，我走了""你来了，你走了"的桥段。

单从功能性角度而言，日本的"駅"，也就是车站，绝对做到了最大限度的功能性拓展。特别是一线、二线城市的车站，被日本建筑师们打造出一个多功能"站房"的概念。

所谓站房，可以说它是一个架在车站上的商业综合体，内含五星级酒店、大型百货商店、剧院、商业街、广场、空中花园等公共空间和停车场。以近畿地区为例，大阪站、京都站、神户站并称近畿三大站。这三个钢铁大物，宛如猎户三星排列整齐，无数细线从它们身体中延展而出，串联起远方的无数 2 等星、3 等星、4 等星……如今这些 1 等星车站早已不再

札 幌 站

充当纯粹车站的功能,而成为城市里主要的大型休闲购物和聚会的场所。

当然,在日本除了这些耀眼的1等星车站,还存在着无数璀璨的2等星、3等星……譬如仿佛永远都在向你微笑着的高松站,车站的正脸被设计师设计成了一张笑脸,让所有经过这里,或准备从这里启程的人都能悦然于心。"也许我是一道微光,却想要给你灿烂的光芒",微笑着的高松站,就给了我们这样一种力量。

其实,在日本像高松站这样的"微光"不胜枚举。2018年,日本网友在网上票选出了最可爱的车站名,它们所拥有的共性是:虽然名声不大,却很招人爱。在某种意义上说,就属于这种"微光",甚至是"极微光"的车站。

网友评出的最可爱top1车站是玩具之城站(おもちゃのまち駅)。玩具之城站是位于日本枥木县东武铁道宇都宫线上的一个车站,这里有众多玩具制造公司的工厂,该车站是由附近的日本玩具制造公司TOMY创始人富山荣市郎命名的。

玩 具 之 城 站

最可爱车站top2是位于长野县的乙女站(おとめ駅)。"乙女"在日语里就是少女的意思,乙女站是JR东日本小海线上的一个车站,始建于大正年间的1915年。

最可爱车站top3是位于北海道的薰衣草花田站(ラベンダー畑駅),这也是笔者认为的最可爱车站。薰衣草花园站是JR北海道富良野线上的一个临时站,仅在每年的6至10

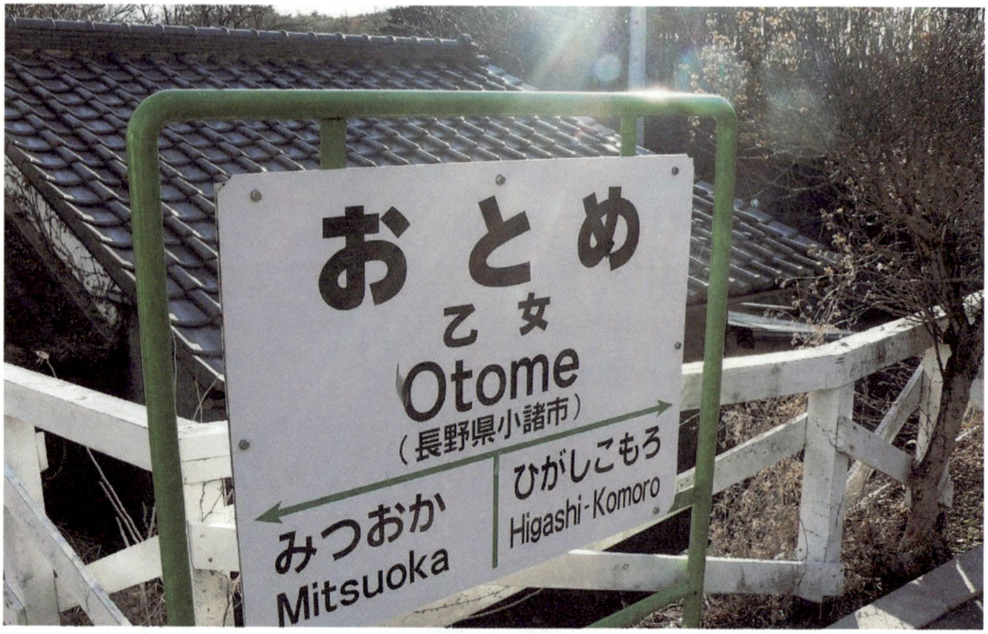
おとめ
乙女
Otome
（長野県小諸市）
ひがしこもろ
Higashi-Komoro
みつおか
Mitsuoka

乙女站

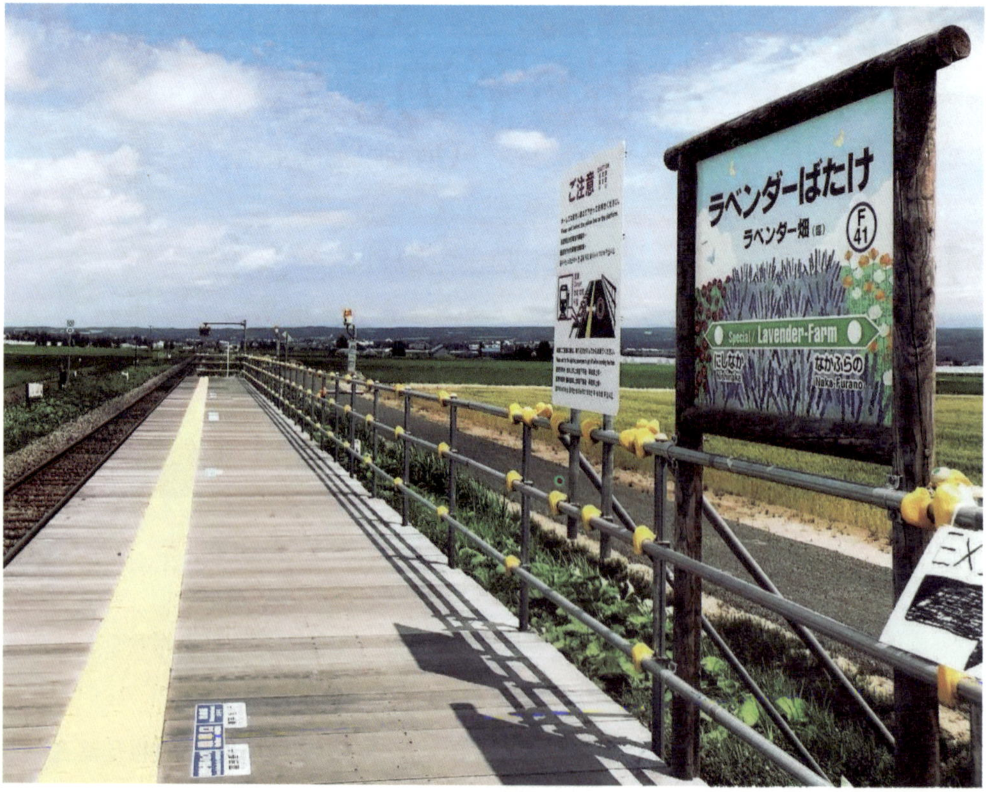
ご注意
ラベンダーばたけ
ラベンダー畑
F 41
Special / Lavender-Farm
にしなか
なかふらの
Naka-Furano

薰衣草花田站

薰衣草花田站

月下旬运营。这里是步行抵达北海道非常有名的富田农场的最近车站,如果你想来北海道欣赏薰衣草,那么多半会来到这个地方哦。

最可爱车站 top4 是位于神奈川县的孩子之国站(こどもの国駅)。东京急行电铁孩子之国线上的终点站,该站因附近有孩子之国游乐园而命名。

孩 子 之 国 站

日本还有许多车站的名字与当地的名物特产有关,名字也超级可爱。比如位于山形县的樱桃东根站(さくらんぼ東根駅),它是 JR 东日本奥羽主线和山形新干线上的一个车站,隶属于山形县东根市,据说东根市的樱桃产量居全日本第一,因此得了这个站名。在网友的票选最可爱车站中,它获得了第六名的好成绩。

樱 桃 东 根 站

**1. 被文艺作品带火了的车站**

米子站，一座不失山阴地区朴实感的车站。虽不能和大阪站、京都站那样的 1 等星相媲美，但就山阴地区而言，它绝对算得上是一颗散发着璀璨光芒的明星了。可以说它是山阴旅行最理想的中转站，无论是前往岛根县的松江、出云，还是去鸟取县的境港、由良……必要由此启程。讲到境港、由良，相信一定能拨动不少动漫迷的心弦。因为它们一个是"鬼太郎之父"水木茂的故乡，一个是"柯南之父"青山刚昌的故乡。

水木茂先生因那部家喻户晓的漫画《鬼太郎》而声名大噪，他的故乡就离繁忙的米子站不远。也因此，米子站被打造成了漫画《鬼太郎》里的"鼠男"元素车站。绘有鼠男形象的楼梯的左侧是"0 号"站台，即开往境港方向的鬼太郎列车的专属站台。鬼太郎列车一共有六种车型，全都是让人过目不忘的出色设计，除了鼠男形象，还有鬼太郎、猫女、眼珠老爹、撒砂婆婆和子泣爷爷。沿途列车每停靠一站，耳边都能响起鬼太郎的报站声，很有带入感，甚至某一时刻你会产生百鬼回乡的错觉哦。

米子站的 5、6 号站台，则能看见开往鸟取方向的柯南列车。与鬼太郎列车不同，并不是每辆都是柯南图案的。能否登上柯南列车，这纯粹要看运气。由良站，JR 山阴主线上小小的一个车站，因其刚好在青山刚昌的故乡鸟取县北荣町内，2013 年被当地政府斥资好好整修了一番。整个车站从楼梯、天桥到厕所标识、储物柜、天花板都是柯南的元素。

像这样被动漫带火了的车站，在日本还有许多。譬如位于神奈川县小田急线上的登户站绝对能捕获不少"蓝胖子"粉丝的芳心。这里是通往藤子·F·不二雄旧居，也就是藤子·F·不二雄博物馆的必经之路。整个车站都充满了哆啦 A 梦的元素，绘满了作品中的各个角色。像车站的站牌、售票机、站内的墙壁、标识、储物箱、垃圾桶等都换上哆啦 A 梦的颜色——蓝"任意门"，应该是哆啦 A 梦里最受欢迎的道具吧。哎，站内设计师很懂大家的心思哦，把站内电梯也装扮成了粉色的"任意门"造型。另外在通道内也有一块"任意门"造型的显示屏，当有人靠近时"任意门"就会自动打开，呈现出江之岛等沿途观光地的风景视频，非常神奇！

日本还有许多被文学作品带火了的车站。譬如松山市的道后温泉站，这里是道后路面电车总站，总站建筑风格为日本明治时期的建筑风格，带一点儿欧洲色彩。夏目漱石在他的小说《哥儿》中曾描写过爱媛县松山市电车的场景。也正是这个缘故，道后温泉站迄今还是游客的朝圣地，包括开在车站里的那家星巴克，也成了游客打卡拍照地。松山市区还有一条观光用的电车线——"少爷列车"（公子哥列车）。其实这里用"电车"这个说法是不恰当的，因为"少爷列车"是一列蒸汽列车，它最早起源于 19 世纪 80 年代，是当时

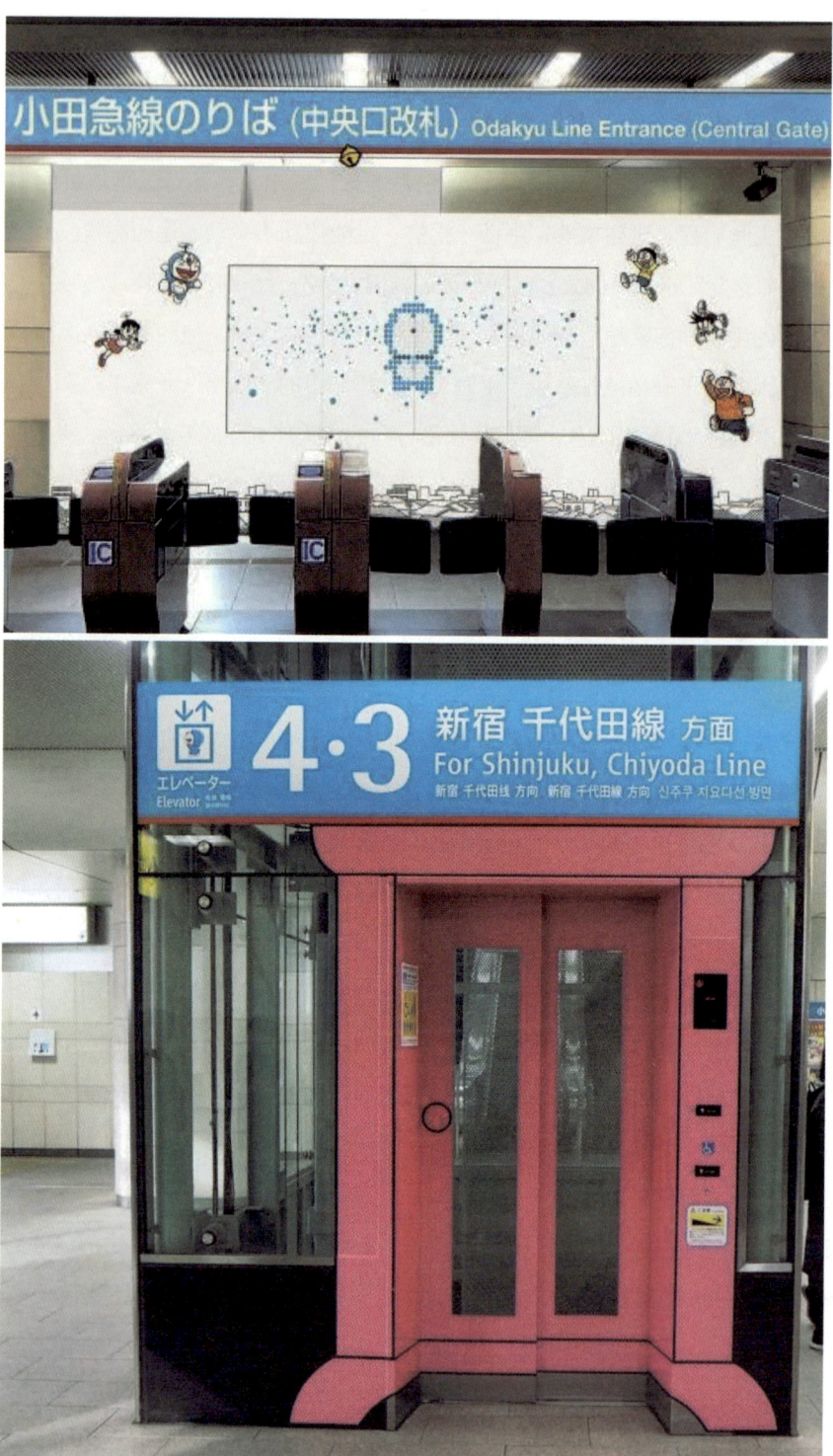

神奈川县小田急线上的登户站

的市区公共交通工具。这辆列车也正是因为夏目漱石的《哥儿》而闻名。小说中所描述的"像火柴盒"般，作为联络道后温泉与松山市中心的可爱路面列车，运行时有汽笛鸣声，烟囱还会冒出水蒸气，为松山市增添了独特的怀旧美感。

### 2. 秘境车站的故事

有这样一种车站，在日本被称为"秘境车站"，它们位于偏远山间或平原，人迹罕至，除铁轨外再无其他路径可以达到。钏路湿原站就是这样一个车站，坐落在北海道东部。车站不大，小到站内仅能容纳五六个人小憩（但这丝毫没有影响它的整洁度）；小到列车一天只有屈指可数的那几班会在此停留，而"驻足"的时间也不过1分钟而已（所以搞得背包客必须掐准时间来跟它"相遇"）。它不仅小，而且还偏僻，若不是"钏路湿原"（北海道著名的湿地地貌）的存在，恐怕很少有人光顾于此。沿着从湿原展望台延展下来的下山小路望去，这座全木质结构的车站显得那么孤独、寂寞。在日本众多星级车站中，它绝对是一道不起眼的"微光"，但同时它又是那么不可或缺。相信这一点对于来过"钏路湿原"的人而言，绝对都能感同身受吧。

钏路湿原站不经意间透露出秘境车站常会呈现的情景：列车停靠数量少，乘客数量少，周围居住的人或者经过的人也少。最早提出"秘境车站"一词的人，是日本一位名叫牛山隆信的秘境车站探险家。在他眼中，处在悬崖峭壁、深山老林、无人原野、几乎无人到达的车站，就可以算秘境车站了。牛山隆信用十多年的时间，探访了日本无数个秘境车站，并且把自己的探险之旅分享给铁道迷，激起了无数人的好奇心与探险欲。于是大概十年前，日本兴起了一阵"秘境车站"热潮，曾经门可罗雀的偏僻小站迎来了众多铁道迷的探望。

同样是在北海道，还有这样一个车站，它符合"秘境车站"的所有气质：上下车乘客少、附近居民不多、在此停车的上下行列车每天仅有4趟。它作为"秘境车站"在铁路迷中颇有名气，它也曾温暖了无数人，它就是"旧白泷站"，也有人叫它"一个人的车站"。

冬季的北海道，大雪漫天。连接旭川和网走两地的JR石北线列车，每天都在北海道的远轻町（旧白泷站）通过。在气温低至 −10℃ 的早晨7时15分，列车慢慢驶入车站。从无人值守的站台上车的只有一名女高中生，这个人就是"旧白泷站"唯一的一位定期乘客：原田华奈。原田华奈是北海道远轻高中的学生，她的家距离车站有5分钟车程。2013—2016年的三年间，每天早晨，父母都会用车将其送到车站，她再乘坐石北线去上学。铁路线的上行线每天有3趟车经停此处，下行线则每天只有1趟车停靠，也就是原田华奈每天早晨上学搭乘的那趟车。如果错过了这趟车，当天就没有机会了。每天一趟开行的列车由2节车厢组成，在过了旧白泷站后，车厢里的乘客只十多个人，都是远轻高中的学生。车厢

钏路湿原站

JR 石北线列车

内很安静，有的在听音乐，有的在看手机。在考试临近时，还会有学生看笔记。在前往远轻的列车上，不知从何时起出现了一个"潜规则"，一二年级学生乘坐第一节车厢，三年级学生乘坐第二节车厢。

前几年，由于几乎没有乘客，有人曾建议关闭车站，但当地居民纷纷要求"至少运营到原田华奈毕业为止"。如今，随着原田华奈的毕业，车站也正式关闭。2016 年 3 月 26 日，是日本北海道旅客铁道（JR 北海道）石北线"旧白泷站"关闭运营的日子，也是从这一天起，"旧白泷站"这个名字将被永远地从"秘境车站"的名单中划掉。3 月 26 日，在这个关站时间的制定中，很明显"JR 北海道"考虑到了"学生因素"。因为在日本，每学年的第三学期是在三月中下旬结束，时间通常会在 25 日之前。

这是一个很暖心的故事，当然也有一些"美丽的错误"。JR 石北线列车"旧白泷站"，并非是为原田华奈一个人而设立。这也就说到了像"旧白泷站"这样的"秘境车站"最初兴建它们的原因。根据 NHK 节目介绍，"旧白泷站"的建立伊始，是当地林业工人为孩子们上学而倡议修建的。当地居民汇集了建材，建成了站台和候车室。1947 年开始投入使用，现如今这个木质小屋，岁月已经给它披上了一层古旧的外衣。在"旧白泷站"，还有一位 60 多岁的老人，名叫丹羽范史。虽然已经很少再使用车站了，但老人与他的妻子，依旧会主动在车站附近义务清理积雪。

在北海道，像这样被建起来的"秘境车站"还有许多。譬如室兰主线上的小幌站，它在牛山隆信的秘境车站排行榜上位列第一,被称为"最难到达的车站"。由于使用率连年下降,从 1986 年开始,北海道铁路公司就已逐步减少铁路班次,不少车站都只维持每天两班的通勤:整个北海道,有 71 个车站的日均乘车人数不足 1 人,不足 10 人的有 90 个。根据北海道 2016 铁路规划,就在 3 月 26 日当天,像"旧白泷站"一样即将废除的车站多达 9 个。或许是种巧合,也或许是有意为之,北海道新干线也在同日通车。

铃兰之乡站

水果公园站

走出北海道，全日本像这样的"秘境车站"也不在少数。譬如长野县 JR 东日本中央主线上的铃兰之乡站（すずらんの里駅）就是其中之一，它得名于当地入笠高原的别称"铃兰高原"。这个名字还被网友票选为日本最可爱车站第七名。再如，位于静冈县浜松市的水果公园站（フルーツパーク駅），它是天龙浜名湖铁路天龙浜名湖线上的一个无人车站，因靠近浜松市水果公园而得名。

同样位于静冈县，处于静冈县最北端位置上的小和田站，被人们称为"只为两个人停靠的车站"。一听这说法，就知道它绝对是个有故事的车站。可能是由于小和田站的站名恰巧和皇后小和田雅子的姓相同，1993 年，当时还是皇太子的德仁和她在这里举行了婚礼。一时间，无数游客纷至沓来。小和田站被归为"秘境车站"，是源于佐久间水坝的建设。为了配合水坝建设，当地进行了村落的迁置、道路中断，使小和田站变成了一个附近几乎没有人烟，也没有道路通行的孤立车站，唯一的进出只能依靠饭田线上行驶的列车。小和田站不设检票口，也没有检票员，就算电车停下，也鲜有人进出。从某种意义上讲，小和田站看起来只是一个多余的车站，但事实并非如此。绕过车站后的一条小道，不远处会出现这样一幅画面：一栋干净的木房子，一块绿油油的菜田，一对 60 多岁的夫妇在田里劳动。村里只剩下这两个人。为了这两位老人，铁路局还是决定让电车为这两位老人稍作停留，车站并不废止。小和田站因此成为只属于两个人的车站。

### 3. 动物站长，你们好！

这是日本和歌山电铁贵志川线上的贵志站，从外形上看，有没有觉得它很特别？其实，这个车站最特别的地方不仅仅在外形上，一只名叫"小玉"的猫站长是它最大的亮点。据了解，小玉站长在 2007 年上任后，是日本民营铁道聘请的第一个猫站长。

提起小玉的身世，坊间众说纷纭，据和歌山电铁公司的工作人员介绍，小玉出生在 1999 年 5 月，当时是车站小卖部的工作人员养的一只三花猫，2006 年 4 月 1 日，贵志铁路面临被报废的命运。小玉也将失去原本设置在公路上的家。当时小玉的主人向和歌山电铁公司的社长提出请求，希望小玉可以住在车站里。令人意想不到的是，这只可爱的花猫的入住，为贵志站吸引了许多爱猫游客。

2007 年 1 月，小玉正式成为了贵志站站长，也开启了和歌山电铁公司新的运营方式。戴着站长帽子执行公务的它，当年就为和歌山电铁带来了 11 亿日元的收入，此后更是节节高升，让一个当时都濒临倒闭的电车公司起死回生，并且一直良好地运行着。据和歌山电铁公司的工作人员讲，小玉没有做站长之前，电铁公司一年只有 192 万乘客。有了小玉站长，这个数据变成了 228 万，随着"猫站长"这个名片被越来越多的人熟知，相信这个数

笔者画的小玉站长

字还会被刷新。真可谓是以"一猫之力"救活了整个和歌山电铁。

不过,2015 年 6 月 22 日,小玉不幸因急性心脏衰竭去世,享年 16 岁(相当于人类 80 岁,也算是一个老寿星了),被追封为"永远的名誉站长"。小玉的存在,不仅仅是作为吉祥物而存在,它是真正的在行使着一名站长所应有的职责。每天都会戴起站长帽,站在车站的检票口,目送以及迎接南来北往的客人。

在小玉因病过世后,曾任小玉部下的 6 岁母花猫二玉被正式"扶正",荣登站长之位。任命仪式在供奉前任站长小玉的神社与铜像前举行,和歌山电铁社长希望二玉能继承小玉的遗志,守护和歌山电铁,并且为振兴观光及活化社区而努力。现在,这位二代猫站长正活跃在岗位上,吸引着大批海内外观光客。现任站长二玉,感觉比宣传的照片胖了点,看来站长的工作很悠闲,猫也变慵懒了。

其实,"玉家族"里还有"三玉"和"四玉",也都活跃在和歌山电铁上。三玉在和歌山电铁总公司冈山电气轨道,有了一份广告宣传工作。四玉则在它 8 个月大时,被任命为伊太祈曾站的猫站长。所以和歌山贵志川线一共有三位猫站长。

车站两边是咖啡店和纪念品商店。两趟电车之间间隔 30 分钟,旅客在等车的时候随便逛逛,拍拍照片,时间也就到了。

小猫电车一共有四款,每款的画风和内饰都不一样,乘坐不同的电车,心情也有所不同,但所有的成年人都在这里找到了童心。车厢里还有扭蛋机、书架等。

我问猫站长:"伊太祈曾神社怎么走?"确认了眼神"往站外走"。果不其然,出站走 5 分钟便看到了神社大门,很好找。

无独有偶,继贵志线上的猫站长后,2019 年 JR 东北新干线上的白石藏王车站又出了一位狐狸站长。这位狐狸站长如今已经 12 岁了,换算成人类的年龄,相当于 61 岁,所以大家都喊它声:ゴロ(goko)爷爷。这只老家伙每逢星期三都会从站长室出来,在白石藏王车站检票口附近迎接游客。别看它是一只狐狸,ゴロ爷爷性格天生文静,被人抱着既不闹腾也不逃跑,习惯与人相处,据说它还曾经在 NHK 电视剧《海女》中有过出场镜头哦。

伊太祈曾神社

小玉电车内的小书架

小玉电车内小书架和整理箱

小玉电车内的书架

小玉电车内的展示柜

小玉电车内的座椅

小玉电车的外观

小玉电车

小玉电车的内部

小玉电车的内部

大家可能就要问了，为什么偏偏要在这个车站，让狐狸来当"站长"呢？在 2019 年 3 月 31 日它的任命仪式上，白石市市长山田裕一一语道出了玄机。站长表示，作为日本唯一的狐狸站长，希望它能为当地旅游带来活力与人气。其实，在白石藏王车站附近，有个藏王狐狸村。这些狐狸可谓是当地名片一般的存在。村里有北狐、银狐等 6 种狐狸，共 100 多只。每月狐狸村会迎来大约 2500 人次的游客来访。而这位狐狸站长也住在这里。

## 坐着特色电车去旅行吧！

坐着电车去旅行，应该是"行在日本"最有趣的打开方式。在日本存在着许多别有特色的电车，这种特色电车往往都展示着当地的某一特色"名片"，或是一个主题乐园，比如从长崎开往豪斯登堡主题乐园的豪斯登堡号；或是一个博物馆，比如通往面包超人博物馆的面包超人号；再或是某个作家的家乡，比如从米子车站开出的鬼太郎列车……开设特色电车的理由更是五花八门，有的是为了拉动地方经济，比如贵志线上的鲷鱼电车，让更多的人了解了一个叫"加太"的小渔村；有的是为了挽救一个车站，比如同样活跃在贵志线上的小玉电车，和小玉站长一起挽救了一个濒临关闭的车站；有的是为了解决交通不便的困扰，比如开往旭山动物园的旭山动物园号，增添了连接札幌到旭川的列车班次；还有的很单纯地只是为了满足动漫迷们对动漫人物的那份"爱"，比如前文提到的鬼太郎列车、柯南列车……

无论你选择去哪里，从登上特色电车的那一刻起，可能就已经被电车里营造出的主题氛围所感染，这份浓浓的带入感，就好比正餐前的一道开胃菜，在你抵达目的地时，所有的情绪似乎都被这一路的电车旅行推到了一个恰到好处的"热度"。如此一来，接下来的"正餐"岂有不尽兴之理？

### 1. 被动物包围着的动物列车

说起日本最有名的动物园，大家或许会想到东京都的上野动物园。不过人气最旺的要数位于日本北海道旭川市郊外的旭山动物园。这个号称日本最北端的动物园，其参观人数已超过了上野动物园，成为全日本参观人数最多的动物园。JR 北海道为此还开设了旭山动物园号，这趟观光列车是以旭山动物园里的动物为主题，火车内部是面向孩子的设计空间，车厢内的座椅都是动物造型的，工作人员也都打扮成动物模样。这一点对于小朋友们而言很受用哦。不过，这趟列车只在限定的日期、限定的班次才开通，而且全车是指定席，想体验要提前查好班次并提前预订才可以。

### 2. 活跃在贵志线上的和歌山电铁

说到行走在贵志线上的和歌山电铁，一直都活跃着这么几台特色电车：除了前文提到

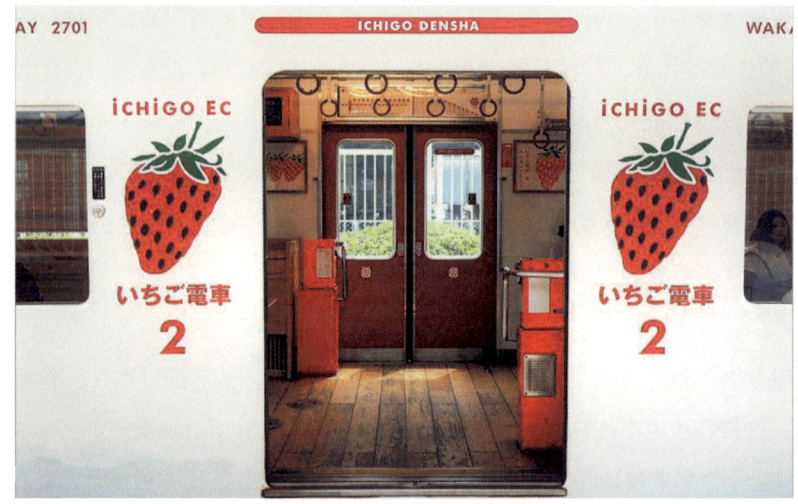

草莓电车

玩具电车

的以小玉站长为主题的小玉电车,还有女生们最爱的草莓电车(いちご電車)、红艳艳的梅星电车(うめぼし電車)、玩具电车(おもちゃ電車)。它们各具特色,当然这也很自然地成为来和歌山游玩的代步首选。

3. 乘着粉嫩的鲷鱼列车去小渔村吧!

搭上粉嫩的鲷鱼列车(めでたい電車)到小渔村"加太"来个一日游吧!和歌山除了小玉站长、神圣的高野山、知名的白滨温泉之外,还有许多值得一游的地方,一个叫作"加太"的小渔村就是其中之一。

鲷鱼在日本人眼中拥有"喜气、祝福"的吉祥寓意，红色的鲷鱼也是日本人年夜饭里的"座上宾"。而加太正是日本鲷鱼的盛产地。为此，南海电铁脑洞大开，于2016年4月29日首发了这辆"鲷鱼电车"。这辆往返于和歌山市和加太的观光列车，采用了充满喜气的粉红色做装饰，车头的窗户还被设计成了鲷鱼大大的眼睛，瞧上一眼都能感受到一股强烈的幸福感向自己涌来。这班列车不仅外形可爱，车厢内还被设计成"加太鲷鱼在遨游"的主题，红色和白色的座椅配在一起，倍显喜气。就连把手也被做成了鲷鱼的样子，可爱得不忍去抓！有人可能会问，这么别致的电车，会不会很贵？答案是：No！虽说是观光列车，但是车资和普通车资无异，全程（单程）只要330日元哦！

**鲷鱼电车车头**

### 4. 能看到流冰的列车

2016年2月28日，全日本最慢的列车"流冰ノロッコ号"（中译：流冰诺罗克号）终于走完了它的一生。看到这则新闻，不禁感慨：原来有一种幸福，叫作有幸陪它走完了最后一程。因为就在"流冰诺罗克号"停运前不久，笔者才刚刚搭乘过它。当时和列车员闲谈时，也听说了由于机车老化等原因，JR北海道铁道公司打算停掉它的消息。只是那时觉得这个日子应该还遥遥无期吧，完全没放在心上，可万万没想到那一次的初见便成了永别。

说到这趟列车的特别之处，就在于它与流冰的缘分。北海道东北部的鄂霍次克海，是世界上最南边可以观赏到流冰的地方。在北海道赏流冰有三种方式：第一种是搭乘破冰船，这也是最容易、最近距离观赏流冰的方式；第二种是搭乘直升机，这是100%能观赏到流冰的方式，不过就是有点破费银两；第三种便是搭乘"流冰诺罗克号"了。每到北海道流冰的季节，冬季限定的观光列车"流冰诺罗克号"就会启程，列车行驶于知床斜里、网走两地之间。用这种方式赏流冰是需要些运气的。不过，但凡选择这种方式的人，目的也并非完全在赏流冰上。无论是列车上的情调，还是车窗外的景致，都是"流冰ノロッコ号"散发独特魅力之处。也因此，在它运行的26年里，每个冬季，有无数游客乘坐这趟列车，只为追寻最美的旅行。

"流冰诺罗克号"共有五节车厢，2～5号车为展望车厢，车厢设置有面朝大海的座椅，这个绝佳的位置可尽情欣赏海上流冰。列车中还有烤炉，乘客可以买鱿鱼或者零食来烤食。北海道的雪总是说下就下的，粉雪飞舞。列车沿着一望无际的鄂霍次克海边破雪而驰。而我们坐在温暖的车厢里，吃着香味四溢的烤鱼，望向天寒地冻的窗外，遥望知床山脉，优哉游哉。

**5. 行走的酒店**

想要体验一下日本的卧铺列车吗？相信喜欢旅行的朋友们，对于乘坐寝台列车一定有一份憧憬。除了能带你一路前往目的地，还能让你欣赏沿途日夜的风景，把移动也变成了旅程的一部分。

说到寝台列车，就不得不提到从东京前往四国、山阳山阴地区的"SUNRISE 濑户·出云号"。"SUNRISE 濑户·出云号"是行走于东京站和岛根县出云市站，以及四国高松之间的特急列车，全程12小时，是目前在日本，除了新干线以外，行走里程最长的列车。在高速铁路十分发达的日本，带有卧铺的列车已经逐渐走向消亡，这趟列车，是日本目前唯一每日都会定点开行的一趟卧铺班次。从东京出发，睡到天亮，一觉醒来，你会发现自己已经穿过关西地带，来到了日本中国地区。需要提醒大家的是，车内只有贩卖饮料的自动贩卖机，想吃便当的话，记得提前在东京站买好。车厢中另一个值得一提的地方，就是淋浴室，想想看，可以在列车上洗澡什么的，目前来看仍旧是件很稀奇的事情吧！

如果把"SUNRISE 濑户·出云号"比作行走的酒店，那么接下来我们要说的，可算是电车里的五星级宾馆。在日本的铁道上，运行着这样一种列车，它们装潢豪华，服务一流，有客房、有餐厅，甚至还能泡汤，堪比五星级酒店。说到这，有没有勾起你想搭乘一次的冲动？

"七星 in 九州"，就是这样一趟飞驰在九州上的移动五星级酒店。据说它是由工业设计师水户冈锐治负责设计，耗资约 30 亿日元打造出来的。列车的外观突出传统日式风格，车厢内大量使用木材。曾经笔者在九州旅行时，就很想用这种方式开启一场别样的环九州观光行。但怎奈运气不佳，未能成行。这座"行走的五星级酒店"每次可搭乘的人数有限，所以想要乘坐这趟列车旅行必须事先报名，且被运营方抽中才有机会乘坐。据了解，从该列车投入运营至今，这一抽选的平均倍率仍达到 33 倍，简单说也就是每 33 个报名的人中平均只有 1 人能实现豪华列车之旅。所以，能否与它相遇，开启一场别样的旅程，凭借的全是缘分。

无独有偶，从东京上野发车日本东北行的"TRAIN SUITE 四季岛"，绝对算是一辆超豪华列车。内有榻榻米、双人间，床单是丝绸的，还可以边泡澡、品尝美食，边欣赏风光。车头和车尾的设计更是一绝。从顶棚倾注而下的光，现代风格的车窗开放感十足。休息室区域的空间也呈现出曲线的美感，除此之外摆放的装饰物品也全都出自手艺人大师级的作品。猜猜住上一晚，需要多少银两呢？不跟大家卖关子，要 4 万元人民币。哦，有点贵是不是？关于贵贱，只有你亲自尝试过才有发言权哦！

## 电车里的规矩

说到电车里的规矩，让笔者想起了几年前读到的一篇文章。至今想起，还让笔者感叹因彼此为他人着想的那份心，而营造出的和谐氛围。故事发生在东京的一条地铁线上。车厢里的人，要比往日多了不少。一位银发老者拄着拐杖，坐在普通席座席上。突然，老人面前响起了手机铃声。一个约莫十几岁学生模样的男孩，慌忙地掏出了手机，一边不住地向周围的人表示歉意，一边低声接起电话。这时，老人略带难色地从包里拿出了一张类似残疾证的东西，对着貌似是那个接电话男孩的同伴示意了下，用几乎只有他们二人才能听到的极低的声音说："非常抱歉，我装了心脏起搏器。"同伴顿时心领神会，仿佛做了一件惊天的错事似的，对着"电话男孩"厉声说："快把电话挂掉！""电话男孩"也似乎意识到自己做错了事，连忙挂上电话，向老人表示歉意。当然，老人也很不好意思地说着："すみません（不好意思）。"故事到这里并没有结束。列车很快开到了涩谷站，老人下了车。两位年轻人也紧跟其后下了车，紧走了两步追上老人，很正式地向老人鞠躬致歉。老人回说："刚才真的很抱歉，希望没有让你们很为难！"这个故事一直都让我很感动，感慨这才是和谐真正的模样。当然，这则故事也透露出在日本乘坐电车的一些礼仪，譬如不可以大声说话，更不可以接听电话等。

每个国家都有不一样的地方，即使是在搭车这件再平常不过的事情上，中国和日本也有很大的差异。比如说在国内车厢内随处可以见到别人打电话，甚至偶尔还会看到不开静音把游戏、音乐声音放出来的乘客，但到了日本相信大家会发现，搭车时几乎见不到在车内打电话的乘客。

每年日本民营铁道协会都会针对这些车站、电车内的不文明行为做调查，让大家知道什么样的行为最困扰其他乘客，当然也希望借着这个调查能够告诉大家乘车的礼仪，而2018年的调查结果也赶在年底前出炉，到底大家觉得最不舒服的不文明行为又是什么呢？根据调查结果，我们总结了top15种行为。

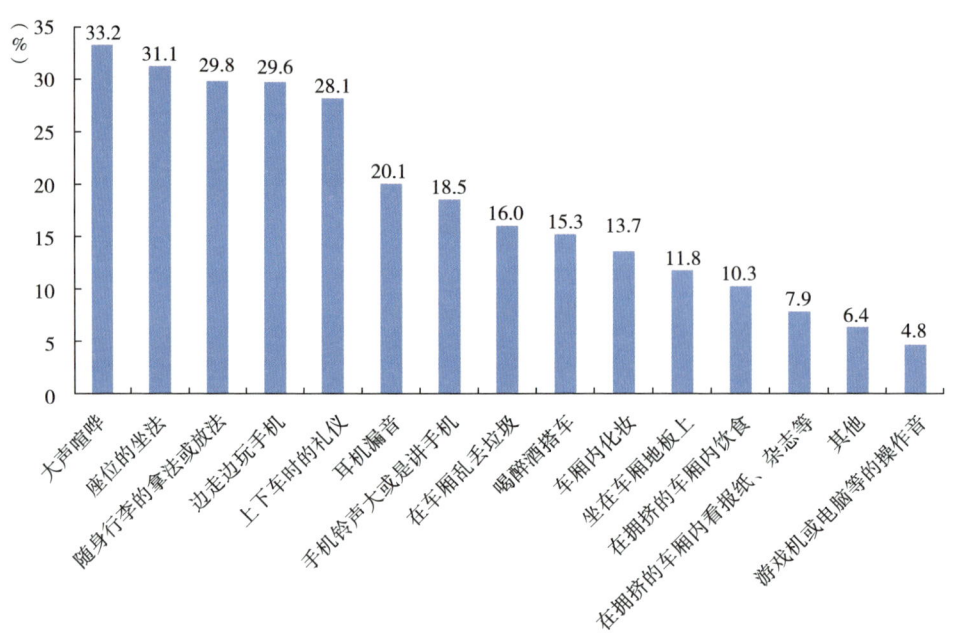

2018年日本民营铁道协会进行的"最让人火大的乘车行为"大调查

看过这个统计图，大家做何感想呢？位居第2位的"座位的坐法"问题，有没有让你联想到，我们在网络上热议的霸坐问题。第4位的"边走边玩手机"看来是困扰全世界的一道难题。现如今，在手机给我们的生活带来无限可能与便利的同时，也仿佛给我们人类下了手机的"毒"。记得之前就曾不止一次地发生因为玩手机而坠落月台的意外事件，伤到自己的同时，还可能会牵连到旁边无辜的乘客。前些日子，被人问过这样一个问题："为什么日本人背包的人很少，看着男男女女大多都是手拿挎包？"在这个调查中，也许我们能找到答案。位居第3位的"随身行李的拿法或放法"中，特别讲到了后背包问题。尤其是塞满东西硬如龟壳般的后背包，即使车厢里面已经很挤了还是不拿在手上坚持用背的，只能说不但挡路而且撞到还会很痛啊！比较礼貌可行的做法就是把它们放在行李架上。

除了如上的这些电车里的规矩外，日本还有着许多让外国人不可思议的电车文化，诸如戴着口罩坐电车的日本乘客，一坐电车就睡意袭来、闭目养神的日本人，为防"咸猪手"而专为女性设置的女性专用车厢……

其实，作为一个外国人抵达日本的第一刻，最先接触到的日本文化便是电车文化。电车连接着机场与你要下榻的酒店，连接着城际之间星罗棋布的站台。说句不夸张的话：在日本，只有你想不到的，没有电车跑不到的地方。颇有历史感的路面有轨电车（早在19世纪末就已出现于日本）；奔走于城际之间、能深入秘境之地的JR；便宜便捷的各路私铁电车；还有与时间赛跑的新干线……这些作为"日本人之足"的铁家伙们早已随着岁月的流逝，用它们极其自然的方式融入日本人稀松平常的生活里。相信对于每一个日本人而言，他们一生当中总会有某些美好的记忆是留在电车上的吧！

责任编辑：张　旭
责任印制：冯冬青
装帧设计：中文天地

**图书在版编目（CIP）数据**

见微知著，趣说日本文化 / 王静著. —北京：中国旅游出版社，2020.1
ISBN 978-7-5032-6436-8

Ⅰ.①见… Ⅱ.①王… Ⅲ.①文化 – 介绍 – 日本
Ⅳ.①G131.32

中国版本图书馆CIP数据核字（2020）第003424号

| | |
|---|---|
| 书　　名： | 见微知著，趣说日本文化 |
| 作　　者： | 王　静　著 |
| 出版发行： | 中国旅游出版社 |
| | （北京建国门内大街甲9号　邮编：100005） |
| | http://www.cttp.net.cn　E-mail:cttp@mct.gov.cn |
| | 营销中心电话：010-85166536 |
| 排　　版： | 北京中文天地文化艺术有限公司 |
| 印　　刷： | 北京工商事务印刷有限公司 |
| 版　　次： | 2020年1月第1版　2020年1月第1次印刷 |
| 开　　本： | 710×1000　1/16 |
| 印　　张： | 12.5 |
| 字　　数： | 234千 |
| 定　　价： | 48.00元 |
| ISBN | 978-7-5032-6436-8 |

版权所有　翻印必究
如发现质量问题，请直接与营销中心联系调换